GREEK TABLES

FOR

THE USE OF STUDENTS.

BY

ALPHEUS CROSBY,

PROFESSOR OF THE GREEK LANGUAGE AND LITERATURE IN
DARTMOUTH COLLEGE.

Vos exemplaria Græca
Nocturna versate manu, versate diurna.
HORACE.

STEREOTYPE EDITION.

Wipf & Stock
PUBLISHERS
Eugene, Oregon

" The LANGUAGE OF THE GREEKS was truly like themselves, it was conformable to their transcendent and universal Genius. * * * * THE GREEK TONGUE, *from its propriety and universality, is made for all that is great, and all that is beautiful, in every Subject, and under every Form of writing.*" — Harris's *Hermes*, Bk. III. Ch. 5.

" Greek, — the shrine of the genius of the old world; as universal as our race, as individual as ourselves ; of infinite flexibility, of indefatigable strength, with the complication and the distinctness of nature herself; to which nothing was vulgar, from which nothing was excluded ; speaking to the ear like Italian, speaking to the mind like English ; with words like pictures, with words like the gossamer film of the summer; at once the variety and picturesqueness of Homer, the gloom and the intensity of Æschylus ; not compressed to the closest by Thucydides, not fathomed to the bottom by Plato, not sounding with all its thunders, nor lit up with all its ardors even under the Promethean toouh of Demosthenes ! " — Coleridge's *Study of the Greek Classic Poets*, Gen. Introd.

Entered according to Act of Congress, in the year 1846, by
ALPHEUS CROSBY,
in the Clerk's office of the District Court of the District of New Hampshire

Wipf and Stock Publishers
199 W 8th Ave, Suite 3
Eugene, OR 97401

Greek Tables for the Use of Students
By Crosby, Alpheus
ISBN: 1-59752-462-X
Publication date 3/17/2006
Previously published by Phillips, Sampson, and Company, 1857

PREFACE TO THE TABLES.

Tʜᴇ following tables have been prepared as part of a Greek Grammar. They are likewise published separately, for the greater convenience and economy in their use. The advantages of a tabular arrangement are too obvious to require remark ; nor is it less obvious, that tables are consulted and compared with greater ease when printed together, than when scattered throughout a volume.

The principles upon which the Tables of Paradigms have been constructed, are the following : —

I. *To avoid needless repetition.* There is a certain ellipsis in grammatical tables, as well as in discourse, which relieves not only the material instruments of the mind, but the mind itself, and which assists alike the understanding and the memory. When the student has learned that, in the neuter gender, the nominative, accusative, and vocative are *always* the same, why, in each neuter paradigm that he studies, must his eye and mind be taxed with the examination of nine forms instead of three ? why, in his daily exercises in declension, must his tongue triple its labor, and more than triple the weariness of the teacher's ear? With the ellipses in the following tables, the paradigms of neuter nouns contain only *eight* forms, instead of the *twelve* which are usually, and the *fifteen* which are sometimes, given ; and the paradigms of participles and of adjectives similarly declined contain only *twenty-two* forms, instead of the usual *thirty-six* or *forty-five.* See ¶ 4.

II. *To give the forms just as they appear upon the Greek page,* that is, *without abbreviation and without hyphens.* A dissected and abbreviated mode of printing the paradigms exposes the young student to mistake, and familiarizes the eye, and of course the mind, with fragments, instead of complete forms. If these fragments were separated upon analytical principles, the evil would be less ; but they are usually cut off just where convenience in printing may direct, so that they contain, sometimes a part of the affix, sometimes the whole affix, and sometimes the affix with a part of the root. Hyphens are useful

1

in the analysis of forms, but a table of paradigms seems not to be the most appropriate place for them. In the following tables, the affixes are given by themselves, and the paradigms are so arranged in columns, that the eye of the student will usually separate, at a glance, the root from the affix.

III. *To represent the language according to its actual use, and not according to the theories or fancies of the Alexandrine and Byzantine grammarians.* Hence, for example,

1. The *first perfect active imperative*, which has no existence in pure writers, has been discarded.

2. For the imaginary *imperative* forms ἴσταθι, τίθετι, δίδοθι δείκνυθι, have been substituted the actual forms ἴστη, τίθει, δίδου, δείκνυ.

3. Together with analogical but rare forms, have been given the usual forms, which in many grammars are noticed only as exceptions or dialectic peculiarities. Thus, βουλευέτωσαν and βουλευόντων, βουλεύσαις and βουλεύσειας, ἐβεβουλεύκεισαν and ἐβεβουλεύκεσαν (¶ 34) ; βουλευέσθωσαν and βουλευέσθων, βουλευθείησαν and βουλευθεῖεν (¶ 35) ; ἐτίθην and ἐτίθουν (¶ 50) ; ἧς and ἦσθα, ἔσεται and ἔσται (¶ 55).

4. The *second future active* and *middle*, which, except as a euphonic form of the first future, is purely imaginary, has been wholly rejected.

IV. *To distinguish between regular and irregular usage.* What student, from the common paradigms, does not receive the impression, sometimes never corrected, that the *second perfect* and *pluperfect*, the *second aorist* and *future*, and the *third future* belong as regularly to the Greek verb, as the first tenses bearing the same name ; when, in point of fact, the Attic dialect, even including poetic usage, presents only about fifty verbs which have the second perfect and pluperfect, eighty-five, which have the second aorist active ; fifty, which have the second aorist and future passive ; and forty, which have the second aorist middle? The gleanings of all the other dialects will not double these numbers. Carmichael, who has given us most fully the statistics of the Greek verb, and whose labors deserve all praise, has gathered, from all the dialects, a list of only eighty-eight verbs which have the second perfect, one hundred and forty-five which have the second aorist active, eighty-four which have the second aorist passive, and fifty-eight which have the second aorist middle. And, of his catalogue of nearly eight hundred verbs, embracing the most common verbs of the language, only fifty-five have the third future, and, in the Attic dialect, only twenty-eight.

To some there may appear to be an impiety in attacking the venererable shade of τύπτω, but alas! it is little more than a shade, and, with all my early and long cherished attachment to it, I am forced, after examination, to exclaim, in the language of Electra,

$$\text{Ἀντὶ φιλτάτης}$$
$$\text{Μορφῆς, σποδόν τι καὶ σκιὰν ἀνωφιλῆ,}$$

and to ask why, in an age which professes such devotion to truth, a false representation of an irregular verb should be still set forth as the paradigm of regular conjugation, and made the Procrustes' bed to which all other verbs must be stretched or pruned. The actual future of τύπτω is not τύψω, but τυπτήσω, the perfect passive is both τέτυμμαι and τετύπτημαι, the aorists are in part dialectic or poetic, the first and second perfect and pluperfect active are not found in classic Greek, if, indeed, found at all, and the second future active and middle are the mere figments of grammatical fancy. And yet all the regular verbs in the language must be gravely pronounced defective, because they do not conform to this imaginary model.

In the following tables, the example of Kühner has been followed, in selecting βουλεύω as the paradigm of regular conjugation. This verb is strictly regular, it glides smoothly over the tongue, is not liable to be mispronounced, and presents, to the eye, the prefixes, root, and affixes, with entire distinctness throughout. This is followed by shorter paradigms, in part merely synoptical, which exhibit the different classes of verbs, with their varieties of formation.

From the common paradigms, what student would hesitate, in writing Greek, to employ the form in –μεθον, little suspecting that it is only a variety of the first person dual, so exceedingly rare, that the learned Elmsley (perhaps too hastily) pronounced it a mere invention of the Alexandrine grammarians? The teacher who meets with it in his recitation-room may almost call his class, as the crier called the Roman people upon the celebration of the secular games, "to gaze upon that which they had never seen before, and would never see again." In the secondary tenses of the indicative, and in the optative, this form does not occur at all ; and, in the remaining tenses, there have been found only five examples, two of which are quoted by Athenæus from a *word-hunter* (ὀνοματοθήρας), whose affection he is ridiculing, while the three classical examples are all poetic, ocεurring, one in Homer (Il. Ψ. 485), and the other two in Sophocles (El. 950 and Phil. 1079). And yet, in the single paradigm of τύπτω, as I learned it in my boyhood, this "needless *Alexandrine,*"

"Which, like a wounded snake, drags its slow length along,"

occurs no fewer than twenty-six times, that is, almost nine times as often as in the whole range of the Greek classics.

With respect to the manner in which these tables should be used so much depends upon the age and attainments of the student, that no directions could be given which might not require to be greatly modified in particular cases. I would, however, recommend,

1. That the paradigms should not be learned *en masse*, but gradually, in connection with the study of the principles and rules of the grammar, and with other exercises.

2. That some of the paradigms should rather be used for reference, than formally committed to memory. It will be seen at once, that some of them have been inserted merely for the sake of exhibiting differences of accent, or individual peculiarities.

3. That, in learning and consulting the paradigms, the student should constantly compare them with each other, with the tables of terminations, and with the rules of the grammar.

4. That the humble volume should not be dismissed from service, till the paradigms are impressed upon the tablets of the memory as legibly as upon the printed page, — till they have become so familiar to the student, that whenever he has occasion to repeat them, " the words," in the expressive language of Milton, " like so many nimble and airy servitors, shall trip about him at command, and in well-ordered files, as he would wish, fall aptly into their own places."

———

In the present edition, the Tables of Inflection have been enlarged by the addition of the Dialectic Forms, the Analysis of the Affixes, the Changes in the Root of the Verb, &c. Tables of Ligatures, of Derivation, of Pronominal Correlatives, of the Rules of Syntax, and of Forms of Analysis and Parsing, have also been added. Some references have been made to sections in the Grammar.

A. C.

HANOVER, Sept. 1, 1846.

✱✱✱ The volume of Tables contains pp i, ii, vii‑xii, 9‑84.

CONTENTS.

TABLES.

I. TABLES OF ORTHOGRAPHY AND ORTHOËPY.

1*

GREEK TABLES.

I. ORTHOGRAPHY AND ORTHOËPY.

¶ 1. A. THE ALPHABET.

[§§ 10–12, 17–22.]

Order	Forms. Large.	Small.	Roman Letters.	Name.		Numeral Power.
I.	*A*	α	a	Ἄλφα	Alpha	1
II.	*B*	β, 6	b	Βῆτα	Beta	2
III.	Γ	γ, Γ	g, n	Γάμμα	Gamma	3
IV.	Δ	δ	d	Δέλτα	Delta	4
V.	E	ε	ĕ	Ἐ ψῑλόν	Epsilon	5
VI.	Z	ζ, ς	z	Ζῆτα	Zeta	7
VII.	H	η	ē	Ἦτα	Eta	8
VIII.	Θ	ϑ, θ	th	Θῆτα	Theta	9
IX.	I	ι	i	Ἰῶτα	Iota	10
X.	K	κ	c	Κάππα	Kappa	20
XI.	Λ	λ	l	Λάμβδα	Lambda	30
XII.	M	μ	m	Μῦ	Mu	40
XIII.	N	ν	n	Νῦ	Nu	50
XIV.	Ξ	ξ	x	Ξῑ	Xi	60
XV.	O	o	ŏ	Ὄ μῑκρόν	Omicron	70
XVI.	Π	π, ϖ	p	Πῑ	Pi	80
XVII.	P	ϱ, ρ	r	Ῥῶ	Rho	100
XVIII.	Σ	σ, ς	s	Σίγμα	Sigma	200
XIX.	T	τ, Τ	t	Ταῦ	Tau	300
XX.	Υ	υ	y	Ὕ ψῑλόν	Upsilon	400
XXI.	Φ	φ	ph	Φῑ	Phi	500
XXII.	X	χ	ch	Χῑ	Chi	600
XXIII	Ψ	ψ	ps	Ψῑ	Psi	700
XXIV.	Ω	ω	ō	Ὦ μέγα	Omega	800
EPI-SEMA.	F, F, ϝ, ϛ		f	Βαῦ	Vau	6
	ϙ, ϙ		q	Κόππα	Koppa	90
	Ϡ		sh	Σαμπῑ	Sampi	900

¶ 2.   B. Ligatures.

[§ 10. 2.]

αι	αι	*μεν*	μεν
ἀπο	ἀπο	*ος*	ος
αυ	αυ	*ου*	ου
γὰρ	γὰρ	*περι*	περι
γγ	γγ	*ϱαι*	ϱαι
γεν	γεν	*ϱι*	ϱι
γϱ	γϱ	*ϱο*	ϱο
δὲ	δὲ	*σϑ*	σϑ
δι	δι	*σϑαι*	σϑαι
δια	δια	*σσ*	σσ
ει	ει	*στ*	στ
		σχ	σχ
ἐκ	ἐκ	*ται*	ται
ἐν	ἐν	*ταυ*	ταυ
ἐπι	ἐπι	*τὴν*	τὴν
ἐξ	ἐξ	*τῆς*	τῆς
ευ	ευ	*το*	το
ην	ην	*τοῦ*	τοῦ
καὶ	καὶ	*τῶν*	τῶν
		νν	νν
λλ	λλ	*ὑπο*	ὑπο

¶ 3. C. VOCAL ELEMENTS.

I. VOWELS, SIMPLE AND COMPOUND.

[§§ 24–26.]

		Class I. A Sounds.	II. O Sounds.	III. E Sounds.	IV. U Sounds.	Ϋ I Sounds.
	Orders.					
Simple Vowels.	Short,	1. ᾰ	ο	ε	ῠ	ῐ
	Long,	2. ᾱ	ω	η	ῡ	ῑ
Diphthongs in ι.	Proper,	3. ᾰι	οι	ει	ῠι
	Improper,	4. ᾳ	ῳ	ῃ	ῡι
Diphthongs in υ.	Proper,	5. ᾰυ	ου	ευ
	Improper,	6. ᾱυ	ωυ	ηυ

II. CONSONANTS.

[§§ 49–51.]

A. Consonants associated in Classes and Orders.

Orders.	Class I. Labials.	Class II. Palatals.	Class III. Linguals.
1. Smooth Mutes,	π	κ	τ
2. Middle Mutes,	β	γ	δ
3. Rough Mutes,	φ	χ	θ
4. Nasals,	μ	γ	ν
5. Double Consonants,	ψ	ξ	ζ

B. Additional Semivowels.

λ   ρ   σ

CONSONANTS (SECOND ARRANGEMENT).

Single Consonants,
- Mutes,
  - Smooth, π, κ, τ.
  - Middle, β, γ, δ.
  - Rough, φ, χ, ϑ.
- Semivowels,
  - Liquids, λ, μ, ν, ρ, γ nasal
  - Sibilant, σ.

Double Consonants, ψ, ξ, ζ.

III. BREATHINGS.

[§ 13.]

Rough Breathing, or Aspirate   (῾).
Smooth or Soft Breathing   (᾽).

II. ETYMOLOGY.

¶ **4.** REMARKS. I. To avoid needless repetition, alike burdensome to teacher and pupil, and to accustom the student early to the application of rule, the tables of paradigms have been constructed with the following *ellipses*, which will be at once supplied from general rules.

1. In the paradigms of DECLENSION, the *Voc. sing.* is omitted whenever it has the same form with the Nom., and the following cases are omitted throughout (see § 80) ;

a.) The *Voc. plur.*, because it is always the same with the Nom.

β.) The *Dat. dual*, because it is always the same with the Gen.

γ.) The *Acc.* and *Voc. dual*, because they are always the same with the Nom.

δ.) The *Acc.* and *Voc. neut.*, in all the numbers, because they are always the same with the Nom.

2. In the paradigms of ADJECTIVES, and of words similarly inflected, the *Neuter* is omitted in the *Gen.* and *Dat.* of all the numbers, and in the *Nom. dual ;* because in these cases it never differs from the Masculine (§ 130. ϵ).

3. In the paradigms of CONJUGATION, the *1st Pers. dual* is omitted throughout, as having the same form with the 1st Pers. plur., and the *3d Pers. dual* is omitted whenever it has the same form with the 2d Pers. dual, that is, in the primary tenses of the Indicative, and in the Subjunctive (§ 212. 2). For the form in –μεθον, whose empty shade has been so multiplied by grammarians, and forced to stand, for idle show, in the rank and file of numbers and persons, see § 212. N.

4. The compound forms of the PERFECT PASSIVE SUBJUNCTIVE and OPTATIVE are omitted, as belonging rather to Syntax than to inflection § 234, 637).

II. The regular formation of the tenses is exhibited in the table (¶ 28), which may be thus read ; " The ——— tense is formed from the root by affixing ———," or, " by prefixing —— and affixing —— (or, in the nude form, ——)." In the application of this table, the forms of the root must be distinguished, if it has more than a single form (§ 254).

III. In the table of translation (¶ 33), the form of the verb must, of course, be adapted to the number and person of the pronoun ; thus, *I am planning, thou art planning, he is planning,* &c. For the MIDDLE VOICE, change the forms of " *plan* " into the corresponding forms of " *deliberate* " ; and, for the PASSIVE VOICE, into the corresponding forms of " *be planned.*"

IV. The Dialectic Forms, for the sake of distinction, are uniformly printed in smaller type. In connection with these forms, the abbrevia tions Æol. and Æ. denote Æolic ; Alex., Alexandrine ; Att., Attic, Bœot. and B., Bœotic ; Comm., Common ; Dor. and D., Doric ; Ep. and E, Epic ; Hel., Hellenistic ; Ion. and I., Ionic ; Iter. and It., Iterative ; O., Old ; Poet. and P., Poetic.

V. A star (*) in the tables denotes that an affix or a form is wanting. Parentheses are sometimes used to inclose unusual, doubtful, peculiar, or supplementary forms. In ¶¶ 29, 30, the κ and θ of the tense-signs, as dropped in the *second tenses* (§ 199. II.), are separated by a hyphen from the rest of the affix.

A. Tables of Declension.

¶ 5. I. Affixes of the Three Declensions.

		Dec. I. Masc.	Dec. I. Fem.	Dec. II. M. F.	Dec. II. Neut.	Dec. III. M. F.	Dec. III. Neut.
Sing.	Nom.	ᾰς, ης	α, η	ος	ον	ς	*
	Gen.	ου	ᾱς, ης	ου		ος	
	Dat.	ᾳ, ῃ		ῳ		ῐ	
	Acc.	αν, ην		ον		ν, ᾰ	*
	Voc.	α, η		ε	ον	*	*
Plur.	Nom.	αι		οι	ᾰ	ες	ᾰ
	Gen.	ῶν		ων		ων	
	Dat.	αις		οις		σῐ(ν)	
	Acc.	ᾱς		ους	ᾰ	ᾰς	ᾰ
	Voc.	αι		οι	ᾰ	ες	ᾰ
Dual	Nom.	ᾱ		ω		ε	
	Gen.	αιν		οιν		οιν	
	Dat.	αιν		οιν		οιν	
	Acc.	ᾱ		ω		ε	
	Voc.	ᾱ		ω		ε	

¶ 6. II. Analysis of the Affixes.

[The figures in the last column denote the declensions.]

		Connecting Vowels. Dec. I.	Dec. II.	Dec. III.	Flexible Endings
Sing.	Nom.	α (η)	ο	*	ς. Fem. 1, *. Neut. 2, ν, ᾰ, *
	Gen.	α (η)	ο	*	(οϑ) ος. 2 and Masc. 1, ο.
	Dat.	α (η)	ο	*	ῐ.
	Acc.	α (η)	ο	*	ν, ᾰ. Neut. 3, *.
	Voc.	α (η)	ο (ε)	*	*
Plur.	Nom.	α	ο	*	ες. 1 and 2, ι. Neut. ᾰ.
	Gen.	α	ο	*	ων.
	Dat.	α	ο	*	(εσι). 3, σῐ. 1 and 2, ις.
	Acc.	α	ο	*	(νς) ᾰς. Neut. ᾰ.
Dual	Nom.	α	ο	*	ε.
	Gen.	α	ο	*	ιν. 3, οιν.

¶ 7. III. Nouns of the First Declension.

A. Masculine.

	ὁ, steward.	ὁ, sailor.	ὁ, son of Atreus.	ὁ, Mercury.		ὁ, north wind.
S. N.	ταμίας	ναύτης	Ἀτρείδης	Ἑρμέας,	Ἑρμῆς	βορρᾶς
G.	ταμίου	ναύτου	Ἀτρείδου	Ἑρμέου,	Ἑρμοῦ	βορρᾶ
D.	ταμίᾳ	ναύτῃ	Ἀτρείδῃ	Ἑρμέᾳ,	Ἑρμῇ	βορρᾷ
A.	ταμίαν	ναύτην	Ἀτρείδην	Ἑρμέαν,	Ἑρμῆν	βορρᾶν
V.	ταμία	ναῦτα	Ἀτρείδη	Ἑρμέα,	Ἑρμῆ	βορρᾶ
P. N.	ταμίαι	ναῦται	Ἀτρεῖδαι	Ἑρμέαι,	Ἑρμαῖ	ὁ, Gobryas.
G.	ταμιῶν	ναυτῶν	Ἀτρειδῶν	Ἑρμεῶν,	Ἑρμῶν	N. Γωβρύας
D.	ταμίαις	ναύταις	Ἀτρείδαις	Ἑρμέαις,	Ἑρμαῖς	G. Γωβρύου,
A.	ταμίας	ναύτας	Ἀτρείδας	Ἑρμέας,	Ἑρμᾶς	Γωβρύα
D. N.	ταμία	ναύτα	Ἀτρείδα	Ἑρμέα,	Ἑρμᾶ	D. Γωβρύᾳ
G.	ταμίαιν	ναύταιν	Ἀτρείδαιν	Ἑρμέαιν,	Ἑρμαῖν	A. Γωβρύαν
						V. Γωβρύα

B. Feminine.

	ἡ, shadow.	ἡ, door.	ἡ, tongue.	ἡ, honor.	ἡ, mina.	
S. N.	σκιά	θύρα	γλῶσσα	τῑμή	μνάα,	μνᾶ
G.	σκιᾶς	θύρας	γλώσσης	τιμῆς	μνάας,	μνᾶς
D.	σκιᾷ	θύρᾳ	γλώσσῃ	τιμῇ	μνάᾳ,	μνᾷ
A.	σκιάν	θύραν	γλῶσσαν	τιμήν	μνάαν,	μνᾶν
P. N.	σκιαί	θύραι	γλῶσσαι	τιμαί	μνάαι,	μναῖ
G.	σκιῶν	θυρῶν	γλωσσῶν	τιμῶν	μναῶν,	μνῶν
D.	σκιαῖς	θύραις	γλώσσαις	τιμαῖς	μνάαις,	μναῖς
A.	σκιάς	θύρας	γλώσσας	τιμάς	μνάας,	μνᾶς
D. N.	σκιά	θύρα	γλώσσα	τιμά	μνάα,	μνᾶ
G.	σκιαῖν	θύραιν	γλώσσαιν	τιμαῖν	μνάαιν,	μναῖν

¶ 8. Dialectic Forms.

S. N. ᾱς, Ion. ης · ταμίης, βορῆς.
ης, Dor. ᾱς · ναύτᾱς, Ἀτρείδᾱς.
    Old, ᾰ · ἱππότᾰ, μητίετᾰ.
ᾱ, Ion. η · σκιή, θύρη.
ᾰ, Ion. η · Ep. ἀληθείη, κνίσση.
η, Dor. ᾱ · τιμᾱ, ψυχᾱ, γᾱ.
G. ου, Old, αο · Ἀτρείδαο, Βορέαο.
    Ion. εω, ω · Ἀτρείδεω, Βορέω.
    Dor. ᾱ · Ἀτρείδᾱ, Ἑρμᾱ.
ᾱς {Ion. ης · σκιῆς, θύρης.
ης {Dor. ᾱς · τιμᾱς, γλώσσᾱς.
    Ep. ηθι(ν) · Αἰσύμηθεν.
D. ᾳ {Ion. η · ταμίη, θύρη.
ῃ {Dor. ᾳ · ναύτᾳ, τιμᾷ.
    Ep. ηφι(ν) · θύρηφι(ν).

A. αν { Ion. ην, εᾰ (masc.) ; τα-
       [μίην, Ἀρισταγόρην, -εᾰ.
ην { Dor. ᾱν · ναύτᾱν, τιμᾶν.
V. ᾱ, Ion. η · ταμίη.
ᾰ, Poet. η · Αἰήτη Ap. Rh.
η, Dor. ᾱ · Ἀτρείδᾱ, Μενάλκᾱ.
    Old, ᾰ · νύμφᾰ, Δίκᾰ.
P. G. ῶν, Old, άων · Ἀτρειδάων.
    Ion. έων · Ἀτρειδέων, θυράων.
    Dor. ᾶν · Ἀτρειδᾶν, θυρᾶν.
D. αις, Old, αισι · ναύταισι, θύραισι.
    Ion. ῃσι, ῃς · θύρῃσι, πέτρῃς.
A. ᾱς, Ion. εᾱς (masc.) ; δεσπότεᾱς
    Dor. ᾱς · Μοῖρᾱς, νύμφᾱς.
    Æol. αις · ταὶς τιμαίς.

¶ 9. IV. Nouns of the Second Declension

A. Masculine and Feminine.

	ὁ, word.	ὁ, people.	ἡ, way.	ὁ, mind.		ὁ, temple.
S. N.	λόγος	δῆμος	ὁδός	νόος,	νοῦς	ναός, νεώς
G.	λόγου	δήμου	ὁδοῦ	νόου,	νοῦ	ναοῦ, νεώ
D.	λόγῳ	δήμῳ	ὁδῷ	νόῳ,	νῷ	ναῷ, νεῷ
A.	λόγον	δῆμον	ὁδόν	νόον,	νοῦν	ναόν, νεών, νεω
V.	λόγε	δῆμε	ὁδέ	νόε,	νοῦ	
P. N.	λόγοι	δῆμοι	ὁδοί	νόοι,	νοῖ	ναοί, νεῴ
G.	λόγων	δήμων	ὁδῶν	νόων,	νῶν	ναῶν, νεῶν
D.	λόγοις	δήμοις	ὁδοῖς	νόοις,	νοῖς	ναοῖς, νεῷς
A.	λόγους	δήμους	ὁδούς	νόους,	νοῦς	ναούς, νεώς
D. N.	λόγω	δήμω	ὁδώ	νόω,	νώ	ναώ, νεώ
G.	λόγοιν	δήμοιν	ὁδοῖν	νόοιν,	νοῖν	ναοῖν, νεῷν

B. Neuter.

	τό, fig.	τό, wing.	τό, part.	τό, bone.		τό, chamber.
S. N.	σῦκον	πτερόν	μόριον	ὀστέον,	ὀστοῦν	ἀνώγεων
G.	σύκου	πτεροῦ	μορίου	ὀστέου,	ὀστοῦ	ἀνώγεω
D.	σύκῳ	πτερῷ	μορίῳ	ὀστέῳ,	ὀστῷ	ἀνώγεῳ
P. N.	σῦκα	πτερά	μόρια	ὀστέα,	ὀστᾶ	ἀνώγεω
G.	σύκων	πτερῶν	μορίων	ὀστέων,	ὀστῶν	ἀνώγεων
D.	σύκοις	πτεροῖς	μορίοις	ὀστέοις,	ὀστοῖς	ἀνώγεῳς
D. N.	σύκω	πτερώ	μορίω	ὀστέω,	ὀστώ	ἀνώγεω
G.	σύκοιν	πτεροῖν	μορίοιν	ὀστέοιν,	ὀστοῖν	ἀνώγεῳν

¶ 10. Dialectic Forms.

S. N. ος, Laconic, ορ · παλιός, § 70. 4.
G. ου, Ep. οιο · τοῖο λόγοιο.
  Dor. ω · τῶ λόγω.
  (Ion. εω · Βάττεω, Κροίσεω.)
  Ep. οθε(ν) · οὐράνοθεν.
  ω (contracted from αου), Ep. ωο · Πιτεῶο.
D. ῳ, Old, οι · Ἰσθμοῖ, τοῖ δάμοι.
  Ep. οφι(ν) · αὐτόφι, ζυγόφιν.
  Ep. οθι · οὐρανόθι Ἰλιόθι.

S. D. ῳ, Bœot. υ · αὐτῦ, τῦ δάμυ.
P. N. οι, Bœot. σ · καλύ, " Ὁμηρῦ.
  (G. ων, Ion. έων · πεσσέων, πυρέων.)
D. οις, Old, οισι · τοῖσι λόγοισι.
  Bœot. υς · τῦς ἄλλυς προξένυς.
A. ους, Dor. ως, ος · τὼς λόγως, τὼς λύκος, παρθένος.
  Æol. οις · ἀνδρείοις πέπλοις, τοῖς νόμοις.
D. G. οιν, Ep. οιιν · ἵπποιιν, ὤμοιιν.

¶ 11. v. Nouns of the Third Declension.

A. Mute.

	1. LABIAL.		2. PALATAL.		
	ὁ, vulture.	ἡ, vein.	ὁ, raven.	ὁ, ἡ, goat.	ἡ, phalanx.	ἡ, hair

		ὁ, vulture.	ἡ, vein.	ὁ, raven.	ὁ, ἡ, goat.	ἡ, phalanx.	ἡ, hair
S.	N.	γύψ	φλέψ	κόραξ	αἴξ	φάλαγξ	θρίξ
	G.	γῦπός	φλεβός	κόρᾰκος	αἰγός	φάλαγγος	τρῖχός
	D.	γῦπί	φλεβί	κόρακι	αἰγί	φάλαγγι	τριχί
	A.	γῦπα	φλέβα	κόρακα	αἶγα	φάλαγγα	τρίχα
P.	N.	γῦπες	φλέβες	κόρακες	αἶγες	φάλαγγες	τρίχες
	G.	γῦπῶν	φλεβῶν	κοράκων	αἰγῶν	φαλάγγων	τριχῶν
	D.	γυψί	φλεψί	κόραξι	αἰξί	φάλαγξι	θριξί
	A.	γῦπας	φλέβας	κόρακας	αἶγας	φάλαγγας	τρίχας
D.	N.	γῦπε	φλέβε	κόρακε	αἶγε	φάλαγγε	τρίχε
	G	γῦποῖν	φλεβοῖν	κοράκοιν	αἰγοῖν	φαλάγγοιν	τριχοῖν

3. LINGUAL.

α. Masculine and Feminine.

		ὁ, ἡ, child.	ὁ, foot.	ὁ, sovereign.	ἡ, grace.	ἡ, key.
S.	N.	παῖς	πούς	ἄναξ	χάρις	κλείς
	G.	παιδός	ποδός	ἄνακτος	χάρῐτος	κλειδός
	D.	παιδί	ποδί	ἄνακτι	χάριτι	κλειδί
	A.	παῖδα	πόδα	ἄνακτα	χάριτα, χάρῐν	κλεῖδα, κλεῖν
	V.	παῖ		ἄνᾰ		
P.	N.	παῖδες	πόδες	ἄνακτες	χάριτες	κλεῖδες, κλεῖς
	G.	παίδων	ποδῶν	ἀνάκτων	χαρίτων	κλειδῶν
	D.	παισί	ποσί	ἄναξι	χάρισι	κλεισί
	A.	παῖδας	πόδας	ἄνακτας	χάριτας	κλεῖδας, κλεῖς
D.	N.	παῖδε	πόδε	ἄνακτε	χάριτε	κλεῖδε
	G.	παίδοιν	ποδοῖν	ἀνάκτοιν	χαρίτοιν	κλειδοῖν

β. Neuter.

		τὸ, body.	τὸ, light.	τὸ, liver.	τὸ, horn.	τὸ, ear.
S.	N.	σῶμᾰ	φῶς	ἧπᾰρ	κέρᾰς	οὖς
	G.	σώμᾰτος	φωτός	ἥπᾰτος	κέρᾱτος, κέραος, κέρως	ὠτός
	D.	σώματι	φωτί	ἥπατι	κέρᾱτι, κέραϊ, κέρᾳ	ὠτί
P.	N.	σώματα	φῶτα	ἥπατα	κέρᾱτα, κέραα, κέρᾱ	ὦτα
	G.	σωμάτων	φώτων	ἡπάτων	κερᾱτων, κεράων, κερῶν	ὤτων
	D.	σώμασι	φωσί	ἥπασι	κέρᾱσι	ὠσί
D.	N.	σώματε	φῶτε	ἥπατε	κέρᾱτε, κέραε, κέρᾱ	ὦτε
	G.	σωμάτοιν	φώτοιν	ἡπάτοιν	κεράτοιν, κεράοιν, κερῶν	ὤτοιν

¶ 12. B. Liquid.

ὁ, *harbour.* ὁ, *deity.* ἡ, *nose.* ὁ, *beast.* ὁ, *orator.* ἡ, *hana*

S N.	λιμήν	δαίμων	ῥίς	θήρ	ῥήτωρ	χείρ
G.	λιμένος	δαίμονος	ῥινός	θηρός	ῥήτορος	χειρός
D.	λιμένι	δαίμονι	ῥινί	θηρί	ῥήτορι	χειρί
A.	λιμένα	δαίμονα	ῥῖνα	θῆρα	ῥήτορα	χεῖρα
V.		δαῖμον	ῥίν		ῥῆτορ	
P. N.	λιμένες	δαίμονες	ῥῖνες	θῆρες	ῥήτορες	χεῖρες
G.	λιμένων	δαιμόνων	ῥινῶν	θηρῶν	ῥητόρων	χειρῶν
D.	λιμέσι	δαίμοσι	ῥισί	θηρσί	ῥήτορσι	χερσί
A.	λιμένας	δαίμονας	ῥῖνας	θῆρας	ῥήτορας	χεῖρας
D N.	λιμένε	δαίμονε	ῥῖνε	θῆρε	ῥήτορε	χεῖρε
G.	λιμένοιν	δαιμόνοιν	ῥινοῖν	θηροῖν	ῥητόροιν	χεροῖν

Syncopated.

ὁ, *father.* ὁ, *man.* ἡ, *mother.* ὁ, ἡ, *dog.* ὁ, ἡ, *lamb.*

S. N.	πατήρ	ἀνήρ		μήτηρ	κύων	(ἀμνός)
G.	πατέρος, πατρός	ἀνέρος, ἀνδρός		μητρός	κυνός	ἀρνός
D.	πατέρι, πατρί	ἀνέρι, ἀνδρί		μητρί	κυνί	ἀρνί
A.	πατέρα	ἀνέρα, ἄνδρα		μητέρα	κύνα	ἄρνα
V.	πάτερ	ἄνερ		μῆτερ	κύον	
P. N.	πατέρες	ἀνέρες, ἄνδρες		μητέρες	κύνες	ἄρνες
G.	πατέρων	ἀνέρων, ἀνδρῶν		μητέρων	κυνῶν	ἀρνῶν
D.	πατράσι	ἀνδράσι		μητράσι	κυσί	ἀρνάσι
A.	πατέρας	ἀνέρας, ἄνδρας		μητέρας	κύνας	ἄρνας
D. N.	πατέρε	ἀνέρε, ἄνδρε		μητέρε	κύνε	ἄρνε
G.	πατέροιν	ἀνέροιν, ἀνδροῖν		μητέροιν	κυνοῖν	ἀρνοῖν

¶ 13. C. Liquid-Mute.

ὁ, *lion.* ὁ, *tooth.* ὁ, *giant.* ἡ, *wife.* ὁ, *Xenophon.*

S. N.	λέων	ὀδούς	γίγας	δάμαρ	Ξενοφῶν
G.	λέοντος	ὀδόντος	γίγαντος	δάμαρτος	Ξενοφῶντος
D.	λέοντι	ὀδόντι	γίγαντι	δάμαρτι	Ξενοφῶντι
A.	λέοντα	ὀδόντα	γίγαντα	δάμαρτα	Ξενοφῶντα
V.	λέον		γίγαν		

P. N.	λέοντες	ὀδόντες	γίγαντες	δάμαρτες	
G.	λεόντων	ὀδόντων	γιγάντων	δαμάρτων	
D.	λέουσι	ὀδοῦσι	γίγασι	δάμαρσι	
A.	λέοντας	ὀδόντας	γίγαντας	δάμαρτας	
D. N.	λέοντε	ὀδόντε	γίγαντε	δάμαρτε	
G.	λεόντοιν	ὀδόντοιν	γιγάντοιν	δαμάρτοιν	

ἡ, *Opus.*

S. N. Ὀποῦς
G. Ὀποῦντος
D. Ὀποῦντι
A. Ὀποῦντα

¶ 14. D. Pure.

α. Masculine and Feminine.

	ὁ, jackal.	ὁ, hero.	ὁ, weevil.	ὁ, ἡ, sheep.	ὁ, fish.
S. N.	θώς	ἥρως	κίς	οἷς	ἰχθύς
G.	θωός	ἥρωος	κιός	οἰός	ἰχθύος
D.	θωΐ	ἥρωϊ (ἥρῳ)	κιΐ	οἰΐ	ἰχθύϊ
A.	θῶα	ἥρωα, ἥρω	κίν	οἶν	ἰχθύν
V.					ἰχθύ
P. N.	θῶες	ἥρωες	κίες	οἶες, οἷς	ἰχθύες, ἰχθῦς
G.	θώων	ἡρώων	κιῶν	οἰῶν	ἰχθύων
D.	θωσί	ἥρωσι	κισί	οἰσί	ἰχθύσι
A.	θῶας	ἥρωας, ἥρως	κίας	οἶας, οἷς	ἰχθύας, ἰχθῦς
D. N.	θῶε	ἥρωε	κίε	οἶε	ἰχθύε, ἰχθῦ
G.	θώοιν	ἡρώοιν	κιοῖν	οἰοῖν	ἰχθύοιν

	ὁ, knight.	ὁ, ἡ, ox.	ἡ, old woman.	ἡ, ship.
S. N.	ἱππεύς	βοῦς	γραῦς	ναῦς
G.	ἱππέως	βοός	γραός	νεώς
D.	ἱππεΐ, ἱππεῖ	βοΐ	γραΐ	νηΐ
A.	ἱππέα	βοῦν	γραῦν	ναῦν
V.	ἱππεῦ	βοῦ	γραῦ	
P. N.	ἱππέες, ἱππεῖς	βόες	γραῖες	νῆες
G.	ἱππέων	βοῶν	γραῶν	νεῶν
D.	ἱππεῦσι	βουσί	γραυσί	ναυσί
A.	ἱππέας, ἱππεῖς	βόας, βοῦς	γραῖας, γραῦς	ναῦς
D. N.	ἱππέε	βόε	γραῖε	νῆε
G.	ἱππέοιν	βοοῖν	γραοῖν	νεοῖν

	ὁ, cubit.	ἡ, city.	ἡ, trireme.
S. N.	πῆχυς	πόλις	τριήρης
G.	πήχεως	πόλεως	τριήρεος, τριήρους
D.	πήχεϊ, πήχει	πόλεϊ, πόλει	τριήρεϊ, τριήρει
A.	πῆχυν	πόλιν	τριήρεα, τριήρη
V.	πῆχυ	πόλι	τριῆρες
P. N.	πήχεες, πήχεις	πόλεες, πόλεις	τριήρεες, τριήρεις
G.	πήχεων (πηχῶν)	πόλεων	τριηρέων, τριήρων
D.	πήχεσι	πόλεσι	τριήρεσι
A.	πήχεας, πήχεις	πόλεας, πόλεις	τριήρεας, τριήρεις
D. N	πήχεε	πόλεε, πόλη	τριήρεε, τριήρη
G.	πηχέοιν	πολέοιν	τριηρέοιν, τριηροῖν

ἠ, echo.   ἠ, shame.   ὁ, Socrates.

S. N. ἠχώ   αἰδώς   Σωκράτης
G. ἠχόος, ἠχοῦς αἰδόος, αἰδοῦς Σωκράτεος, Σωκράτους
D. ἠχόϊ, ἠχοῖ   αἰδόϊ, αἰδοῖ   Σωκράτεϊ, Σωκράτει
A. ἠχόα, ἠχώ   αἰδόα, αἰδῶ   Σωκράτεα, Σωκράτη, Σωκράτην
V. ἠχοῖ   αἰδοῖ   Σώκρατες

ὁ, Piræeus.   ὁ, Hercules.

S N. Πειραιεύς   Ἡρακλέης, Ἡρακλῆς
G. Πειραιέως, Πειραιῶς Ἡρακλέεος, Ἡρακλέους
D. Πειραιεῖ, Πειραιεῖ   Ἡρακλέεϊ, Ἡρακλέει, Ἡρακλεῖ
A. Πειραιέᾱ, Πειραιᾶ   Ἡρακλέεα, Ἡρακλέᾱ, Ἡρακλῆ
V. Πειραιεῦ   Ἡράκλεες, Ἡράκλεις (Ἡρακλες)

β. Neuter.

τὸ, wall   τὸ, town.   τὸ, honor.

S N. τεῖχος   ἄστυ   γέρᾱς
G. τείχεος, «είχους ἄστεος, ἄστεως γέρᾱος, γέρως
D. τείχϋ, τείχει   ἀστεῖ, ἄστει   γέραϊ, γέρᾳ

P N. τείχεα, τείχη   ἄστεα, ἄστη   γέραα, γέρᾱ
G. τειχέων, τειχῶν   ἀστέων   γεράων, γερῶν
D. τείχεσι   ἄστεσι   γέρασι

D. N. τείχεε, τείχη ἄστεε   γέραε, γέρᾱ
G. τειχέοιν, τειχοῖν ἀστέοιν   γεράοιν, γερῶν

¶ 15. DIALECTIC FORMS.

S. G. ατος, Ion. εος · κέρεος, τέρεος.
εος, Ion. ευς · Θέρευς, Θάμβευς.
έως, Ep. ῆος · βασιλῆος.
Ion. and Dor. έος · βασιλέος.
εως, Ion. and Dor. ιος · πόλιος.
ιδος, Ion. and Dor. ιος · Κύπριος.
Dor. ιτος · Θέμιτος.
οῦς, Dor. and Æol. ῶς, οῖς · ἀχῶς,
Ͻ. εῖ, Ep. ῆϊ · βασιλῆϊ.   [ἀοῖς.
Ion. εϊ · βασιλέϊ.
ει, Ion. ῑ · ·πόλῑ, δυνάμῑ.
ιδι, Ion. ῑ · Θέτῑ, ἀπόλῑ.
A. ν, Poet. α · εὐρέα, ἰχθύα.
όα, Ion. οῦν · Ἰοῦν, Λητοῦν.
Dor. ων · Ἥρων, Λατών.
έα, Ep. ῆᾱ · βασιλῆᾱ.
Ion. έα · βασιλέᾱ.
Dor. ῆ · βασιλῆ.
V. ις, Æol. ι · Σώκρατι.

P. N. εις, Old Att. ῆς · βασιλῆς.
Ep. ῆες · βασιλῆες.
Ion. εις · βασιλέες.
εις, Ion. and Dor. ιες · πόλιες.
αα, Poet. ᾱ · γέρᾱ, κρέᾱ.
Ion. εα · γέρεα, τέρεα.
G. ων, Ion. έων · χηνέων, ἀνδρέων.
έων, Ep. ήων · βασιλήων.
εων, Ion. and Dor. ίων · πολίων.
D. σι(ν), Old, εσι(ν) · χείρεσι.
Poet. σσι(ν) · ἔπεσσι.
εσσι(ν) · πόδεσσιν.
εσι(ν), Ep. εσφι(ν) · ὄχεσφιν.
Ion. ισι(ν) · πόλισι.
A. ιᾱς, Ep. ῆᾱς · βασιλῆᾱς.
Ion. έᾱς · βασιλέᾱς.
Comm. εις · βασιλεῖς.
εις, Ion. and Dor. ιας · πόλιας.
D. G. οιν, Ep. οιϊν · ποδοῖϊν, Σιρηνο ϊν.

¶ 16. VI. IRREGULAR AND DIALECTIC DECLENSION.

	ὁ, Jupiter.		ὁ, Œdipus.			ὁ, Glus.
S. N.	Ζεύς,	Ζᾶν (Dor.)	Οἰδίπους			Γλοῦς
G.	Διός, Ζηνός,	Ζανός	Οἰδίποδος,	Οἰδίπου	Οἰδιπόδᾱο, -ᾱ, -εω,	Γλοῦ
D.	Διΐ, Ζηνί,	Ζανί	Οἰδίποδι,	[(poet.),	[D. -η, -ᾳ, A. -ην,	Γλοῦ
A.	Δία, Ζῆνα,	Ζᾶνα	Οἰδίποδα,	Οἰδίπουν	[-ᾱν, V. -η, -ᾱ	Γλοῦν
V.	Ζεῦ		Οἰδίπου		[(Ep. and Lyr.)	Γλοῦ

	Attic.	ὁ, son.	Homeric.				Doric.	ἡ, ship.	Ionic.
S. N.	υἱός		υἱός				ναῦς (νᾶς)	νηῦς (νῆῦς)	
G.	υἱοῦ,	υἱέος	υἱοῦ,	υἷος,	υἱέος		νᾱός	νηός, νεός	
D.	υἱῷ,	υἱεῖ		υἷι,	υἱέϊ,	υἱεῖ	νᾱΐ	νηΐ	
A.	υἱόν		υἱόν,	υἷα,	υἱέᾰ		ναῦν (νᾶν)	νῆα, νέα, νηῦν	
V.	υἱέ								
P. N.	υἱοί,	υἱεῖς		υἷες,	υἱέες,	υἱεῖς	νᾶες	νῆες, νέες	
G.	υἱῶν,	υἱέων	υἱῶν,		υἱέων		νᾱῶν	νηῶν, νεῶν	
D.	υἱοῖς,	υἱέσι	υἱοῖσι,	υἱάσι,			ναυσί, νᾱεσσι	νηῦσι, νήεσσι, νέεσσι,	
A.	υἱούς,	υἱεῖς	υἱούς,	υἷας,	υἱέας		νᾶας	νῆας, νέας	[ναῦφι

	Attic. τὸ, spear.		Homeric.		Homeric. τὸ, cave.	
S. N.	δόρυ		δόρυ		σπέος,	σπεῖος
G.	δόρατος,	δορός (poet.)	δούρατος,	δουρός	σπείους	
D.	δόρατι,	δορί, δόρει (poet.)	δούρατι,	δουρί	σπῆϊ	
P. N.	δόρατα,	δόρη (poet.)	δούρατα,	δοῦρα		
G.	δοράτων			δούρων	σπείων	
D.	δόρασι		δούρασι,	δούρεσσι	σπέσσι, σπήεσσ	

HOMERIC PARADIGMS.

	ὁ, knight.	ἡ, city.			
S. N.	ἱππεύς	πόλις			
G.	ἱππῆος	πόλιος,	πτόλιος, πόλεος (πόλευς Theog.),	πόληος	
D.	ἱππῆϊ	(πόλι Hdt.),	πτόλιϊ, πόλεϊ,	πόληϊ	
A.	ἱππῆα	πόλιν,	πτόλιν	(πόληα Hes.	
V.	ἱππεῦ				
P. N.	ἱππῆες, ἱππεῖς	πόλιες (πόλῑς Hdt.),		πόληες	
G.	ἱππήων	πολίων			
D.	ἱππεῦσι	πολίεσσι (πολίεσι Pind., πόλισι Hdt.)			
A.	ἱππῆας	πόλιας (πόλῑς Hdt.), πόλεις,		πόληας	

	ὁ, Ulysses.			ὁ, Patroclus.	
S. N.	Ὀδυσσεύς,		Ὀδυσεύς		Πάτροκλος
G.	Ὀδυσσῆος,	Ὀδυσσέος,	Ὀδυσῆος, Ὀδυσεῦς	Πατρόκλου, -οιο,	Πατροκλῆος
D.			Ὀδυσῆϊ, Ὀδυσεῖ	Πατρόκλῳ	
A.	Ὀδυσσῆα,	Ὀδυσσέα,	Ὀδυσῆα, Ὀδυσῆ	Πάτροκλον,	Πατροκλῆα
V.	Ὀδυσσεῦ,		Ὀδυσεῦ	Πάτροκλες,	Πατρόκλεις

¶ 17. VII. Adjectives of Two Terminations.

A. Of the Second Declension.

	ὁ, ἡ (unjust) τὸ		ὁ, ἡ (unfading)		τὸ
S. N.	ἄδικος	ἄδικον	ἀγήραος, ἀγήρως	ἀγήραον, ἀγήρων
G.	ἀδίκου		ἀγηράου, ἀγήρω	
D.	ἀδίκῳ		ἀγηράῳ, ἀγήρῳ	
A.	ἄδικον		ἀγήραον, ἀγήρων, ἀγήρω	
V.	ἄδικε.			

P. N.	ἄδικοι	ἄδικα	ἀγήραοι, ἀγήρῳ	ἀγήραα, ἀγήρω
G.	ἀδίκων		ἀγηράων, ἀγήρων	
D.	ἀδίκοις		ἀγηράοις, ἀγήρῳς	
A.	ἀδίκους		ἀγηράους, ἀγήρως	

| D. N. | ἀδίκω | ἀγηράω, ἀγήρω |
| G. | ἀδίκοιν | ἀγηράοιν, ἀγήρῳν |

B. Of the Third Declension.

	ὁ, ἡ (male) τὸ		ὁ, ἡ (pleasing) τὸ		ὁ, ἡ (two-footed) τὸ	
S N.	ἄῤῥην	ἄῤῥεν	εὔχαρις	εὔχαρι	δίπους	δίπουν
G.	ἄῤῥενος		εὐχάριτος		δίποδος	
D.	ἄῤῥενι		εὐχάριτι		δίποδι	
A.	ἄῤῥενα		εὐχάριτα, εὔχαριν		δίποδα, δίπουν	
V.	ἄῤῥεν		εὔχαρι		δίπου	

P. N.	ἄῤῥενες	ἄῤῥενα	εὐχάριτες	εὐχάριτα	δίποδες	δίποδα
G.	ἀῤῥένων		εὐχαρίτων		διπόδων	
D.	ἄῤῥεσι		εὐχάρισι		δίποσι	
A.	ἄῤῥενας		εὐχάριτας		δίποδας	

| D. N. | ἄῤῥενε | εὐχάριτε | δίποδε |
| G. | ἀῤῥένοιν | εὐχαρίτοιν | διπόδοιν |

	ὁ, ἡ (evident) τὸ		ὁ, ἡ (greater) τὸ
S. N.	σαφής	σαφές	μείζων	μεῖζον
G.	σαφέος, σαφοῦς		μείζονος	
D.	σαφέϊ, σαφεῖ		μείζονι	
A.	σαφέα, σαφῆ		μείζονα, μείζω	
V.	σαφές		μεῖζον	

P. N.	σαφέες, σαφεῖς	σαφέα, σαφῆ	μείζονες, μείζους	μείζονα, μείζω
G.	σαφέων, σαφῶν		μειζόνων	
D.	σαφέσι		μείζοσι	
A.	σαφέας, σαφεῖς		μείζονας, μείζους	

| D. N. | σαφέε, σαφῆ | μείζονε |
| G. | σαφέοιν, σαφοῖν | μειζόνοιν |

¶ 18. VIII. ADJECTIVES OF THREE TERMINATIONS.

A. OF THE SECOND AND FIRST DECLENSIONS.

	ὁ (friendly)	ἡ	τό	ὁ (wise)	ἡ	τό
S. N.	φίλιος	φιλία	φίλιον	σοφός	σοφή	σοφόν
G.	φιλίου	φιλίας		σοφοῦ	σοφῆς	
D.	φιλίῳ	φιλίᾳ		σοφῷ	σοφῇ	
A.	φίλιον	φιλίαν		σοφόν	σοφήν	
V.	φίλιε			σοφέ		
P. N.	φίλιοι	φίλιαι	φιλία	σοφοί	σοφαί	σοφά
G.	φιλίων	φιλίων		σοφῶν	σοφῶν	
D.	φιλίοις	φιλίαις		σοφοῖς	σοφαῖς	
A.	φιλίους	φιλίας		σοφούς	σοφάς	
D. N.	φιλίω	φιλία		σοφώ	σοφά	
G.	φιλίοιν	φιλίαιν		σοφοῖν	σοφαῖν	

Contracted.

	ὁ (golden)		ἡ		τό
S. N.	χρύσεος,	χρῦσοῦς	χρυσέα,	χρυσῆ	χρύσεον, χρυσοῦν
G.	χρυσέου,	χρυσοῦ	χρυσέας,	χρυσῆς	
D.	χρυσέῳ,	χρυσῷ	χρυσέᾳ,	χρυσῇ	
A.	χρύσεον,	χρυσοῦν	χρυσέαν,	χρυσῆν	
P. N.	χρύσεοι,	χρυσοῖ	χρύσεαι,	χρυσαῖ	χρύσεα, χρυσά
G.	χρυσέων,	χρυσῶν	χρυσέων,	χρυσῶν	
D.	χρυσέοις,	χρυσοῖς	χρυσέαις,	χρυσαῖς	
A.	χρυσέους,	χρυσοῦς	χρυσέας,	χρυσάς	
D. N.	χρυσέω,	χρυσώ	χρυσέα,	χρυσά	
G.	χρυσέοιν,	χρυσοῖν	χρυσέαιν,	χρυσαῖν	

	ὁ (double)		ἡ		τό
S. N.	διπλόος,	διπλοῦς	διπλόη,	διπλῆ	διπλόον, διπλοῦν
G	διπλόου,	διπλοῦ	διπλόης,	διπλῆς	
D	διπλόῳ,	διπλῷ	διπλόη,	διπλῆ	
A.	διπλόον,	διπλοῦν	διπλόην,	διπλῆν	
P. N	διπλόοι,	διπλοῖ	διπλόαι,	διπλαῖ	διπλόα, διπλᾶ
G.	διπλόων,	διπλῶν	διπλόων,	διπλῶν	
D.	διπλόοις,	διπλοῖς	διπλόαις,	διπλαῖς	
A.	διπλόους,	διπλοῦς	διπλόας,	διπλᾶς	
D. N.	διπλόω,	διπλώ	διπλόα,	διπλᾶ	
G.	διπλόοιν,	διπλοῖν	διπλόαιν,	διπλαῖν	

¶ 19. B. Of the Third and First Declensions.

	ὁ (black)	ἡ	τὸ	ὁ (all)	ἡ	τὸ
S. N.	μέλᾱς	μέλαινᾰ	μέλᾰν	πᾶς	πᾶσᾰ	πᾶν
G.	μέλᾱνος	μελαίνης		παντός	πάσης	
D.	μέλανι	μελαίνῃ		παντί	πάσῃ	
A.	μέλανα	μέλαινᾰν		πάντα	πᾶσᾰν	
P. N.	μέλανες	μέλαιναι	μέλανα	πάντες	πᾶσαι	πάντα
G.	μελάνων	μελαινῶν		πάντων	πασῶν	
D.	μέλασι	μελαίναις		πᾶσι	πάσαις	
A.	μέλανας	μελαίνᾱς		πάντας	πάσᾱς	
D. N.	μέλανε	μελαίνᾱ		πάντε	πάσᾱ	
G.	μελάνοιν	μελαίναιν		πάντοιν	πάσαιν	

	ὁ (agreeable)	ἡ	τὸ	ὁ (sweet)	ἡ	τὸ
S. N.	χαρίεις	χαρίεσσᾰ	χαρίεν	ἡδύς	ἡδεῖᾰ	ἡδύ
G.	χαρίεντος	χαριέσσης		ἡδέος	ἡδείᾱς	
D.	χαρίεντι	χαριέσσῃ		ἡδέϊ, ἡδεῖ	ἡδείᾳ	
A.	χαρίεντα	χαρίεσσᾰν		ἡδύν	ἡδεῖᾰν	
V.	χαρίεν			ἡδύ		
P. N.	χαρίεντες	χαρίεσσαι	χαρίεντα	ἡδέες, ἡδεῖς	ἡδεῖαι	ἡδέα
G.	χαριέντων	χαριεσσῶν		ἡδέων	ἡδειῶν	
D.	χαρίεσι	χαριέσσαις		ἡδέσι	ἡδείαις	
A.	χαρίεντας	χαριέσσᾱς		ἡδέας, ἡδεῖς	ἡδείᾱς	
D. N.	χαρίεντε	χαριέσσᾱ		ἡδέε	ἡδείᾱ	
G.	χαριέντοιν	χαριέσσαιν		ἡδέοιν	ἡδείαιν	

¶ 20. C. Of the Three Declensions.

	ὁ (great)	ἡ	τὸ	ὁ (much)	ἡ	τὸ
S. N.	μέγᾰς	μεγάλη	μέγα	πολύς	πολλή	πολύ
G.	μεγάλου	μεγάλης		πολλοῦ	πολλῆς	
D	μεγάλῳ	μεγάλῃ		πολλῷ	πολλῇ	
A	μέγαν	μεγάλην		πολύν	πολλήν	
V.	μεγάλε			*(many)*		
P. N.	μεγάλοι	μεγάλαι	μεγάλᾰ	πολλοί	πολλαί	πολλά
G.	μεγάλων	μεγάλων		πολλῶν	πολλῶν	
D.	μεγάλοις	μεγάλαις		πολλοῖς	πολλαῖς	
A.	μεγάλους	μεγάλᾱς		πολλούς	πολλάς	
D. N.	μεγάλω	μεγάλᾱ				
G.	μεγάλοιν	μεγάλαιν				

Homeric Forms of πολύς.

	ὁ	ἡ	τό
S. N.	πολύς, πουλύς	πολλός	πολλή	πολύ, πουλύ, πολλόν
G.	πολέος		πολλῆς	
D. (πολεῖ Æsch.)	πολλῷ	πολλῇ	
A.	πολύν, πουλύν	πολλόν	πολλήν, πουλύν	
P. N.	πολέες, πολεῖς	πολλοί	πολλαί	(πολία Æsch.) πολλά
G.	πολέων	πολλῶν	πολλάων, πολλέων	
D.	πολέσι, -έσσι, -έεσσι	πολλοῖσι, -οῖς	πολλῇσι	
A.	πολίας, πολεῖς	πολλούς	πολλάς	

S.	ὁ (mild)	ἡ	τό	P.	οἱ	αἱ	τά
N.	π ρ ᾶ ο ς	πραεῖα	π ρ ᾶ ο ν	π ρ ᾶ ο ι,	πραεῖς	πραεῖαι	πραέα
G.	π ρ ά ο υ	πραείας			πραέων	πραειῶν	
D.	π ρ ά ῳ	πραείᾳ		π ρ ά ο ι ς,	πραέσι	πραείαις	πραέσι
A.	π ρ ᾶ ο ν	πραεῖαν		π ρ ά ο υ ς,	πραεῖς	πραείᾱς	

¶ 21. IX. NUMERALS.

	M. (one) F.	N.	M. (no one) F.		N.	M., none.
S. N.	εἷς μία	ἕν	οὐδείς οὐδεμία	οὐδέν	P. οὐδένες
G.	ἑνός μιᾶς		οὐδενός οὐδεμιᾶς		οὐδένων
D.	ἑνί μιᾷ		οὐδενί οὐδεμιᾷ		οὐδέσι
A.	ἕνα μίαν		οὐδένα οὐδεμίαν		οὐδένας

	Ep. Dor. Ion. Ep.		Late.	Ion.	Late.	Ion.
N.	ἕεις, ἧς μίη, ἴα		οὐθείς	οὐδεμίη	οὐθέν	οὐδαμοί, N. -ά
G.	μιῆς, ἱῆς		οὐθενός	οὐδεμιῆς		οὐδαμῶν
D.	ἰῷ μιῇ, ἱῇ		οὐθενί	οὐδεμιῇ		οὐδαμοῖς
A.	μίην, ἴαν		οὐθένα	οὐδεμίην		οὐδαμούς, F. -έας

M. F. N., two.	M. F. N., both.
D. N. A. δύο, δύω	ἄμφω
G. D. δυοῖν, δυεῖν (Att.) P. D. δυσί (rare)	ἀμφοῖν

	Ep.	Ep.	Ion.
N.	δοιώ	δοιοί, -αί, -ά	
G.			δυῶν
D.		δοιοῖς, -οῖσι, δυοῖσι	
A.		δοιούς, -άς	

M. F. (three) N.	M. F. (four)	N.
P. N. τρεῖς τρία	τέσσαρες, τέτταρες	τέσσαρα, τέτταρα
G. τριῶν	τεσσάρων, τεττάρων	
D. τρισί	τέσσαρσι, τέτταρσι	
A. τρεῖς	τέσσαρας, τέτταρας	

Poet.	Ion. τέσσερες, Dor. τέτορες and τέττορες,
D. τριοῖσι	Æol. and Ep. πίσυρες, &c.; Dat., Ep. and in late prose, τίτρασι.

¶ 22. x. PARTICIPLES.

1. Present Active.

	ὁ (advising)	ἡ	τό
S. N.	βουλεύων	βουλεύουσᾰ	βουλεῦον
G.	βουλεύοντος	βουλευούσης	
D.	βουλεύοντι	βουλευούσῃ	
A.	βουλεύοντα	βουλεύουσᾰν	
P. N.	βουλεύοντες	βουλεύουσαι	βουλεύοντα
G.	βουλευόντων	βουλευουσῶν	
D.	βουλεύουσι	βουλευούσαις	
A.	βουλεύοντας	βουλευούσᾱς	
D. N.	βουλεύοντε	βουλευούσᾱ	
G.	βουλευόντοιν	βουλευούσαιν	

2. Present Active Contracted.

	ὁ (honoring)		ἡ		τό	
S. N.	τῑμάων,	τιμῶν	τιμάουσᾰ,	τιμῶσᾰ	τιμάον,	τιμῶν
G.	τιμάοντος,	τιμῶντος	τιμαούσης,	τιμώσης		
D.	τιμάοντι,	τιμῶντι	τιμαούσῃ,	τιμώσῃ		
A.	τιμάοντα,	τιμῶντα	τιμάουσᾰν,	τιμῶσᾰν		
P. N.	τιμάοντες,	τιμῶντες	τιμάουσαι,	τιμῶσαι	τιμάοντα,	τιμῶντα
G.	τιμαόντων,	τιμώντων	τιμαουσῶν,	τιμωσῶν		
D.	τιμάουσι,	τιμῶσι	τιμαούσαις,	τιμώσαις		
A.	τιμάοντας,	τιμῶντας	τιμαούσᾱς,	τιμώσᾱς		
D. N.	τιμάοντε,	τιμῶντε	τιμαούσᾱ,	τιμώσᾱ		
G.	τιμαόντοιν,	τιμώντοιν	τιμαούσαιν,	τιμώσαιν		

3. Liquid Future Active.   4. Aorist ii. Active

	ὁ (about to show)	ἡ	τό	ὁ (having left)	ἡ	τό
S. N.	φανῶν	φανοῦσᾰ	φανοῦν	λιπών	λιποῦσᾰ	λιπόν
G.	φανοῦντος	φανούσης		λιπόντος	λιπούσης	
D.	φανοῦντι	φανούσῃ		λιπόντι	λιπούσῃ	
A.	φανοῦντα	φανοῦσᾰν		λιπόντα	λιποῦσᾰν	
P. N.	φανοῦντες	φανοῦσαι	φανοῦντα	λιπόντες	λιποῦσαι	λιπόντα
G.	φανούντων	φανουσῶν		λιπόντων	λιπουσῶν	
D.	φανοῦσι	φανούσαις		λιποῦσι	λιπούσαις	
A.	φανοῦντας	φανούσᾱς		λιπόντας	λιπούσᾱς	
D. N.	φανοῦντε	φανοῦσᾱ		λιπόντε	λιποῦσᾱ	
G.	φανούντοιν	φανούσαιν		λιπόντοιν	λιπούσαιν	

5. Aorist 1. Active.

ὁ (*having raised*) ἡ   τὸ

S. N.	ἄρας	ἀράσᾰ	ἀρᾰν
G.	ἄραντος	ἀράσης	
D.	ἄραντι	ἀράσῃ	
A.	ἄραντα	ἀρᾱσᾰν	
P. N.	ἄραντες	ἀρᾱσαι	ἄραντα
G.	ἀράντων	ἀρᾱσῶν	
D.	ἄρᾱσι	ἀρᾱσαις	
A.	ἄραντας	ἀρᾱσᾱς	
D. N.	ἄραντε	ἀρᾱσᾱ	
G.	ἀράντοιν	ἀρᾱσαιν	

6. Aorist Passive.

ὁ (*having appeared*) ἡ   τὸ

φανείς	φανεῖσᾰ	φανέν
φανέντος	φανείσης	
φανέντι	φανείσῃ	
φανέντα	φανεῖσᾰν	
φανέντες	φανεῖσαι	φανέντα
φανέντων	φανεισῶν	
φανεῖσι	φανείσαις	
φανέντας	φανείσᾱς	
φανέντε	φανείσᾱ	
φανέντοιν	φανείσαιν	

7. Perfect Active.

ὁ (*knowing*) ἡ   τὸ

S. N.	εἰδώς	εἰδυῖᾰ	εἰδός
G.	εἰδότος	εἰδυίᾱς	
D.	εἰδότι	εἰδυίᾳ	
A.	εἰδότα	εἰδυῖᾰν	
P. N.	εἰδότες	εἰδυῖαι	εἰδότα
G.	εἰδότων	εἰδυιῶν	
D.	εἰδόσι	εἰδυίαις	
A.	εἰδότας	εἰδυίᾱς	
D. N.	εἰδότε	εἰδυίᾱ	
G	εἰδότοιν	εἰδυίαιν	

8. Perfect Active Contracted.

ὁ (*standing*) ἡ   τὸ

ἑστώς	ἑστῶσᾰ	ἑστώς, ἑστόϛ
ἑστῶτος	ἑστώσης	
ἑστῶτι	ἑστώσῃ	
ἑστῶτα	ἑστῶσᾰν	
ἑστῶτες	ἑστῶσαι	ἑστῶτα
ἑστώτων	ἑστωσῶν	
ἑστῶσι	ἑστώσαις	
ἑστῶτας	ἑστώσᾱς	
ἑστῶτε	ἑστώσᾱ	
ἑστώτοιν	ἑστώσαιν	

9. From Verbs in -μι.

ὁ (*having given*) ἡ   τὸ

S. N.	δούς	δοῦσᾰ	δόν
G.	δόντος	δούσης	
D.	δόντι	δούσῃ	
A.	δόντα	δοῦσᾰν	
P. N.	δόντες	δοῦσαι	δόντα
G.	δόντων	δουσῶν	
D.	δοῦσι	δούσαις	
A.	δόντας	δούσᾱς	
D. N.	δόντε	δούσᾱ	
G.	δόντοιν	δούσαιν	

ὁ (*having entered*) ἡ   τὸ

δύς	δῦσᾰ	δύν
δύντος	δύσης	
δύντι	δύσῃ	
δύντα	δῦσᾰν	
δύντες	δῦσαι	δύντα
δύντων	δυσῶν	
δῦσι	δύσαις	
δύντας	δύσᾱς	
δύντε	δύσᾱ	
δύντοιν	δύσαιν	

¶ 23. XI. SUBSTANTIVE PRONOUNS.

[To those forms which are used as enclitic, the sign † is affixed. The initials affixed to dialectic forms denote, Æ. Æolic, B. Bœotic, D. Doric, E. Epic, I. Ionic, O. Old, P. Poetic.]

A. PERSONAL.

	1st P. *I.*	2d P. *thou.*	3d P. *his, her.*
S. N.	ἐγώ	σύ	*
G.	ἐμοῦ, μοῦ†	σοῦ†	οὗ†
D.	ἐμοί, μοί†	σοί†	οἷ†
A.	ἐμέ, μέ†	σέ†	ἕ†
P. N.	ἡμεῖς	ʿῡμεῖς	σφεῖς
G.	ἡμῶν	ʿῡμῶν	σφῶν
D.	ἡμῖν	ʿῡμῖν	σφίσῐ(ν)†
A.	ἡμᾶς	ʿῡμᾶς	σφᾶς
D. N.	νώ	σφώ	
G.	νῷν	σφῷν	σφωΐν†

Homeric Forms.

S. N.	ἐγών, ἐγώ	σύ, τύνη	
G.	ἐμέο, ἐμεῖο, ἐμεῦ, μεῦ†, ἐμέθεν	σέο†, σεῖο, σεῦ†, σέθεν, τεοῖο	ἕο†, εἷο, εὗ†, ἕθεν†
D.	ἐμοί, μοί†	σοί, τοί†, τεΐν	ἑοῖ, οἷ†
A.	ἐμέ, μέ†	σέ†	ἕ†, ἑέ, μίν†
P. N.	ἡμεῖς, ἄμμες	ὑμεῖς, ὔμμες	
G.	ἡμέων, ἡμείων	ὑμέων, ὑμείων	σφέων†, σφείων, σφῶν
D.	ἡμῖν, ἧμιν, ἧμῖν, ἄμμι(ν)	ὑμῖν, ὔμμι(ν), ὔμμ᾽	σφίσι(ν)†, σφί(ν)†, σφ᾽
A.	ἡμέας, -έας, ἡμᾶς, ἄμμε	ὑμέας, -έας, ὔμμε	σφέας†, -έας†, σφείας, σφάς†, σφέ†
D. N.	νώϊ (νῶϊν?)	σφῶϊ (σφῶϊν?), σφώ	
G.	νῶϊν	σφῶϊν	
D.	νῶϊν	σφῶϊν, σφῷν	σφωΐν†
A.	νῶϊ, νώ	σφῶϊ, σφώ	σφωέ†, σφώ† or σφω᾽

Additional Forms.

S. N.	ἰών, ἰώ B.	τύ D., τού B.	
G.	ἐμέος, ἐμεῦς, ἐμοῦς D.	τεῦ†, τέος, τεῦς, τεοῦς, τεοῦ D.	Ϝέθεν Æ., ἑοῦς D., ἑῖε E.
D.	ἐμίν D.	τίν D.	Ϝοῖ† Æ., ἷν or ἵν D.
A.		τέ, τύ† D.	Ϝέ† Æ., νίν† D. P.
P. N.	ἡμέες I., ʿάμές D.	ὑμέες I., ὑμές D.	Neut. σφέα† I.
G.	ʿάμῶν D., ἀμμέων Æ.	ὑμμέων Æ.	
D.	ʿάμίν D., ἄμμισι(ν) Æ.		φίν†, ψίν† D., ἄσφι Æ.
A.	ʿάμέ D.	ὑμέ, ὔμμε D.	ψί† D., ἄσφε Æ.
D. N.	νῶι B.		

B. Reflexive.

1st P. M. (of myself)	F.	2d P. M. (of thyself)	F.
S. G. ἐμαυτοῦ	ἐμαυτῆς	σεαυτοῦ, σαυτοῦ	σεαυτῆς, σαυτῆς
D. ἐμαυτῷ	ἐμαυτῇ	σεαυτῷ, σαυτῷ	σεαυτῇ, σαυτῇ
A. ἐμαυτόν	ἐμαυτήν	σεαυτόν, σαυτόν	σεαυτήν, σαυτήν
P. G. ἡμῶν αὐτῶν	ἡμῶν αὐτῶν	ὑμῶν αὐτῶν	ὑμῶν αὐτῶν
D. ἡμῖν αὐτοῖς	ἡμῖν αὐταῖς	ὑμῖν αὐτοῖς	ὑμῖν αὐταῖς
A. ἡμᾶς αὐτούς	ἡμᾶς αὐτάς	ὑμᾶς αὐτούς	ὑμᾶς αὐτάς

3d P. M., of himself.		F., of herself.		N., of itself.
S. G. ἑαυτοῦ,	αὑτοῦ	ἑαυτῆς,	αὑτῆς	
D. ἑαυτῷ,	αὑτῷ	ἑαυτῇ,	αὑτῇ	
A. ἑαυτόν,	αὑτόν	ἑαυτήν,	αὑτήν	ἑαυτό, αὑτό
P. G. ἑαυτῶν,	αὑτῶν	ἑαυτῶν,	αὑτῶν	
D. ἑαυτοῖς,	αὑτοῖς	ἑαυταῖς,	αὑταῖς	
A. ἑαυτούς,	αὑτούς	ἑαυτάς,	αὑτάς	ἑαυτά, αὑτά

New Ionic.

S. G. ἐμιωυτοῦ	ἐμιωυτῆς	σιωυτοῦ	σιωυτῆς
D. ἐμιωυτῷ	ἐμιωυτῇ	σιωυτῷ	σιωυτῇ
A. ἐμιωυτόν	ἐμιωυτήν	σιωυτόν	σιωυτήν

S. G. ἰωυτοῦ	ἰωυτῆς	P. ἰωυτῶν	ἰωυτῶν	
D. ἰωυτῷ	ἰωυτῇ	ἰωυτοῖσι	ἰωυταῖσι	
A. ἰωυτόν	ἰωυτήν	ἰωυτό	ἰωυτούς	ἰωυτάς	ἰωυτά

3d P. S. G. αὐταύτω, -ᾶς, D. -ῳ, -ᾳ, A. -ον, -ᾶν, -ο ·
P. G. αὐταύτων, D. -οις, -αις, A. -ως, -ᾶς, -ά, Dor.

C. Reciprocal.

M. (of one another)	F.	N.		M. N.	F.
P. G. ἀλλήλων	ἀλλήλων		D. A. ἀλλήλω	ἀλλήλā
D. ἀλλήλοις	ἀλλήλαις		G. ἀλλήλοιν	ἀλλήλαιν
A. ἀλλήλους	ἀλλήλᾱς	ἄλληλᾰ		

P. G. ἀλλάλων Dor.	ἀλλάλων Dor.		D. G. ἀλλήλοιῒν Ep.
D. ἀλλάλοισι, -οις	ἀλλάλαισι, -αις		
A. ἀλλάλους	ἀλλάλᾱς	ἄλλᾱλᾰ Dor.	

D. Indefinite.

M. F. N., such a one.				M.	
S. N. ὁ,	ἡ,	τὸ	δεῖνα	P. οἱ	δεῖνες
G. τοῦ,	τῆς	δεῖνος		τῶν	δείνων
D. τῷ,	τῇ	δεῖνι			✳
A. τὸν,	τὴν,	τὸ	δεῖνα	τοὺς	δεῖνας

¶ 24. XII. ADJECTIVE PRONOUNS.

A. DEFINITE.

	Article.			Iterative.	
M. *(the)*	F.	N.	M. *(very, same, self)* F.		N.
S. N. ὁ	ἡ	τό	αὐτός	αὐτή	αὐτό
G. τοῦ	τῆς		αὐτοῦ	αὐτῆς	
D. τῷ	τῇ		αὐτῷ	αὐτῇ	
A. τόν	τήν		αὐτόν	αὐτήν	
P. N. οἱ	αἱ	τά	αὐτοί	αὐταί	αὐτά
G. τῶν	τῶν		αὐτῶν	αὐτῶν	
D. τοῖς	ταῖς		αὐτοῖς	αὐταῖς	
A. τούς	τάς		αὐτούς	αὐτάς	
D. N. τώ	τά		αὐτώ	αὐτά	
G. τοῖν	ταῖν		αὐτοῖν	αὐταῖν	

S. N.		'ᾶ D.		αὐτά D., -ίη I.	
G. τοῖο E., τῶ D.	τᾶς D.		αὐτοῖο E., -έου I.	αὐτᾶς D., -ίης I.	
D.	τᾷ D.		αὐτέῳ I.	αὐτᾷ D., -ίη I.	
A.	τάν D.			αὐτάν D., -ίην I.	
P. N. τοί E. D.	ταί E. D.				
G.	τάων O., τᾶν D.		αὐτέων I.	αὐτάων O., -ᾶν D., -έων I.	
D. τοῖσι O.	ταῖσι O., τῇσι,	αὐτοῖσι O., -έοισι I.		αὐτῇσι, -ῆς, -έησι I.	
A. τάς, τός D.	[τῆς I.	αὐτέους I.		αὐτιᾶς I.	

	Relative.			Demonstrative.		Possessive.
M. *(who)*	F.	N.	M. *(this)* F.	N.	
S. N. ὅς	ἥ	ὅ	ὅδε	ἥδε	τόδε 1 P. S. ἐμός
G. οὖ	ἧς		τοῦδε	τῆσδε	P. ἡμέτερος
D. ᾧ	ᾗ		τῷδε	τῆδε	D. νωΐτερος Ep.
A. ὅν	ἥν		τόνδε	τήνδε	
P. N. οἵ	αἵ	ἅ	οἵδε	αἵδε	τάδε 2 P. S. σός
G. ὧν	ὧν		τῶνδε	τῶνδε	P. ὑμέτερος
D. οἷς	αἷς		τοῖσδε ταῖσδε		D. σφωΐτερος Ep.
A. οὕς	ἅς		τούσδε τάσδε		
D. N. ὥ	ἅ		τώδε τάδε		3 P. S. ὅ Poet.
G. οἷν	αἷν		τοῖνδε ταῖνδε		P. σφέτερος

Dialectic and Paragogic Forms.

S. N. ὅ O.	ἅ D.		ὁδί	ἡδί	τοδί 1 P. P. 'ἁμός, 'ἄμός O.,
G. οἷο, ὅου E.	ἧης E., ἇς D.	τουδί	τησδί			'ἀμέτερος D., ἄμμος,
D.	ᾇ D.		&c.			ἀμμέτερος Æ.
A.	ὅᾶν D.					2 P. S. τεός D. E.
P. D.	ᾖσι, ᾖς E.	τοισίδε O., τοῖσδεσι,				P. 'ὗμος O., ὗμμος Æ.
		τοῖσδεσσι E.				3 P. S. ἑός E. D.
						P. σφός O.

3*

Demonstrative.

	M. (*this*) F.	N.	M. (*so much*) F.	N.
S. N.	οὗτος αὗτη	τοῦτο	τοσοῦτος τοσαύτη	τοσοῦτο, τοσοῦτον
G.	τούτου ταύτης		τοσούτου τοσαύτης	
D.	τούτῳ ταύτῃ		τοσούτῳ τοσαύτῃ	
A.	τοῦτον ταύτην		τοσοῦτον τοσαύτην	
P. N.	οὗτοι αὗται ταῦτα		τοσοῦτοι τοσαῦται τοσαῦτα	
G.	τούτων τούτων		τοσούτων τοσούτων	
D.	τούτοις ταύταις		τοσούτοις τοσαύταις	
A.	τούτους ταύτας		τοσούτους τοσαύτας	
D. N.	τούτω ταύτα		τοσούτω τοσαύτα	
G.	τούτοιν ταύταιν		τοσούτοιν τοσαύταιν	

	Paragogic Declension.	Mixed Paragogic Forms.
S. N.	οὑτοσί αὑτηΐ τουτί	τοσουτοσί, ἐκεινοσί, ὁδιδί, τουτογί, τουτοδί.
G.	τουτουΐ ταυτησί	τυννουτουΐ, κεινοῦί, τηλικαυτησί.
D.	τουτῳΐ ταυτῃΐ	τυννουτῷί. Adv. οὑτωσί, ἐνθαδί, νυνί, δευρί.
A.	τουτονί ταυτηνί	τοσουτονί, τοσονδί, τοιουτονί, ἐκεινονί, τηνδεδί.
P. N.	οὑτοΐ αὑταΐ ταυτί	τοιουτοΐ, τοιαυταΐ, τοιαυτί, ταυταγί.
G.	τουτωνί, &c.	τοσουτωνί, ἐκεινωνί, &c.

B. INDEFINITE.

	Simple Indefinite.		Interrogative.		Relative Indefinite.		
	M. F. (*any, some*) N.		M. F. (*who?*) N.		M. (*whoever*)	F.	N.
S. N.	τὶς	τὶ	τίς	τί	ὅστις	ἥτις	ὅ τι
G.	τινός, τοῦ		τίνος, τοῦ		οὗτινος, ὅτου	ἧστινος	
D.	τινί, τῷ		τίνι, τῷ		ᾧτινι, ὅτῳ	ᾗτινι	
A.	τινά		τίνα		ὅντινα	ἥντινα	
P. N.	τινές τινά,	τίνες	τίνα	οἵτινες	αἵτινες ἅτινα, ἅττα	
G.	τινῶν [ἅττα τίνων				ὧντινων, ὅτων	ὧντινων	
D.	τισί		τίσι		οἷστισι, ὅτοισι	αἷστισι	
A.	τινάς		τίνας		οὕστινας	ἅστινας	
D. N.	τινέ		τίνε		ὥτινε	ἅτινε	
G.	τινοῖν		τίνοιν		οἷντινοιν	αἷντινοιν	

Homeric Declension of τὶς, τίς, and ὅτις = ὅστις.

S. N.	τὶς	τὶ	τίς	τί	ὅτις	ὅ τι, ὅ ττι
G.	τέο, τεῦ		τέο, τεῦ		ὅτιυ, ὅττεο, ὅττιυ	
D.	τέῳ, τῷ				ὅτιῳ, ὅτεῳ	
A.	τινά		τίνα		ὅτινα	
P. N.	τινές ἅσσα	τίνες				ὅτινα
G.		τέων			ὅτεων	
D.					ὀτέοισι	
A.	τινάς				ὅτινας	ἅσσα
D. N.	τινέ					

¶ 25. B. Table of Numerals.

I. Adjectives.

	1. Cardinal.	2. Ordinal.
Interrog.	πόσοι; how many?	πόστος; which in order? οι, one of how many?
Indef.	ποσοί, a certain number.	
Rel. Ind.	ὁπόσοι, how many soever.	ὁπόστος, whichsoever in order.
Dimin.	ὀλίγοι, few.	ὀλιγοστός, one of few.
Augment.	πολλοί, many.	πολλοστός, one of many, or, one following many.
Demonst.	τόσοι, so many.	
Relat.	ὅσοι, as many.	

1	α'	εἷς, μία, ἕν, one.	πρῶτος,-η,-ον, first.
2	β'	δύο, δύω, two.	δεύτερος,-ᾱ,-ον, second.
3	γ'	τρεῖς, τρία, three.	τρίτος,-η,-ον, third.
4	δ'	τέσσαρες, τέσσαρα, four.	τέταρτος, fourth.
5	ε'	πέντε, five.	πέμπτος, fifth.
6	ϛ'	ἕξ, six.	ἕκτος, sixth.
7	ζ'	ἑπτά, seven.	ἕβδομος, seventh.
8	η'	ὀκτώ, eight.	ὄγδοος, eighth.
9	θ'	ἐννέα, nine.	ἔνατος, ἔννατος, ninth.
10	ι'.	δέκα, ten.	δέκατος, tenth.
11	ια'	ἕνδεκα, eleven.	ἑνδέκατος, eleventh.
12	ιβ'	δώδεκα, twelve.	δωδέκατος, twelfth.
13	ιγ'	τρισκαίδεκα, δεκατρεῖς	τρισκαιδέκατος
14	ιδ'	τεσσαρεσκαίδεκα	τεσσαρακαιδέκατος
15	ιε'	πεντεκαίδεκα	πεντεκαιδέκατος
16	ιϛ'	ἑκκαίδεκα	ἑκκαιδέκατος
17	ιζ'	ἑπτακαίδεκα	ἑπτακαιδέκατος
18	ιη'	ὀκτωκαίδεκα	ὀκτωκαιδέκατος
19	ιθ'	ἐννεακαίδεκα	ἐννεακαιδέκατος
20	κ'	εἴκοσι(ν)	εἰκοστός
21	κα'	εἴκοσιν εἷς, εἷς καὶ εἴκοσι	εἰκοστὸς πρῶτος
30	λ'	τριάκοντα	τριᾱκοστός
40	μ'	τεσσαράκοντα	τεσσαρακοστός
50	ν'	πεντήκοντα	πεντηκοστός
60	ξ'	ἑξήκοντα	ἑξηκοστός
70	ο'	ἑβδομήκοντα	ἑβδομηκοστός
80	π'	ὀγδοήκοντα	ὀγδοηκοστός
90	ϟ	ἐνενήκοντα	ἐνενηκοστός
100	ρ'	ἑκατόν	ἑκατοστός
200	σ'	διᾱκόσιοι,-αι,-α	διᾱκοσιοστός
300	τ'	τριᾱκόσιοι	τριᾱκοσιοστός

400	υ′	τετρακόσιοι	τετρακοσιοστός
500	φ′	πεντακόσιοι	πεντακοσιοστός
600	χ′	ἑξακόσιοι	ἑξακοσιοστός
700	ψ′	ἑπτακόσιοι	ἑπτακοσιοστός
800	ω′	ὀκτακόσιοι	ὀκτακοσιοστός
900	⟋	ἐννακόσιοι	ἐννακοσιοστός
1,000	͵α	χίλιοι,-αι,-α	χιλιοστός
2,000	͵β	δισχίλιοι	δισχιλιοστός
10,000	͵ι	μύριοι,-αι,-α	μυριοστός
20,000	͵κ	δισμύριοι	δισμυριοστός
100,000	͵ϱ	δεκακισμύριοι	δεκακισμυριοστός

3. Temporal.

Inter. ποσταῖος ; on what day?

1. (αὐθήμερος, on the same day.)
2. δευτεραῖος, on the second day.
3. τριταῖος, on the third day.
4. τεταρταῖος, on the fourth day
5. πεμπταῖος, on the fifth day.
6. ἑκταῖος, on the sixth day.
7. ἑβδομαῖος, on the seventh day.
8. ὀγδοαῖος, on the eighth day.

4. Multiple.

ἁπλόος, ἁπλοῦς, simple, single.
διπλοῦς, double.
τριπλοῦς, triple.
τετραπλοῦς, quadruple.
πενταπλοῦς, quintuple.
ἑξαπλοῦς, sextuple.
ἑπταπλοῦς, septuple.
ὀκταπλοῦς, octuple.

5. Proportional.   II. Adverbs.   III. Substantives.

Inter.	ποσαπλάσιος ; how many fold ?	ποσάκις ; how many times ?	ποσότης, quantity, number.
Dim.		ὀλιγάκις, few times.	ὀλιγότης, fewness.
Augm.	πολλαπλάσιος, many fold.	πολλάκις, many times.	

1.	(ἴσος, equal.)	ἅπαξ, once.	μονάς, monad.
2.	διπλάσιος, twofold.	δίς, twice.	δυάς, duad.
3.	τριπλάσιος, threefold.	τρίς, thrice.	τριάς, triad.
4.	τετραπλάσιος	τετράκις, four times.	τετράς, τετρακτύς
5.	πενταπλάσιος	πεντάκις	πεντάς
6.	ἑξαπλάσιος	ἑξάκις	ἑξάς
7.	ἑπταπλάσιος	ἑπτάκις	ἑβδομάς
8.	ὀκταπλάσιος	ὀκτάκις	ὀγδοάς
9.	ἐννεαπλάσιος	ἐννεάκις, ἐννάκις	ἐννεάς
10.	δεκαπλάσιος	δεκάκις	δεκάς
20.	εἰκοσαπλάσιος	εἰκοσάκις	εἰκάς
100.	ἑκατονταπλάσιος	ἑκατοντάκις	ἑκατοντάς
1,000.	χιλιοπλάσιος	χιλιάκις	χιλιάς
10,000.	μυριοπλάσιος	μυριάκις	μυριάς

C. Tables of Conjugation

¶ 26. I. The Tenses classified.

Relations.	Time.	I. Primary. 1. Present.	2. Future.	II. Secondary. 3. Past.
1 Definite.		Present. γράφω, *I am writing.*	* *I shall be writing.*	Imperfect. ἔγραφον, *I was writing.*
2. Indefinite.		* *I write.*	Future. γράψω, *I shall write.*	Aorist. ἔγραψα, *I wrote.*
3. Complete.		Perfect. γέγραφα, *I have written.*	* *I shall have written.*	Pluperfect. ἐγεγράφειν, *I had written.*

¶ 27. II. The Modes classified.

I. DISTINCT.

A. Intellective.

1. Actual.	2. Contingent.	
	α. Present.	β. Past.
Indicative. γράφω, *I am writing.*	Subjunctive. γράφω, *I may write.*	Optative. γράφοιμι, *I might write*

B. Volitive.

Imperative.
γράφε,
Write.

II. INCORPORATED.

A. Substantive.	B. Adjective.
Infinitive. γράφειν, *To write.*	Participle. γράφων, *Writing.*

¶ 28. III. Formation of the Tenses.

Prefixes.	Tenses.	Active.	Middle.		Passive.
	Present,	ω, μι		ομαι, μαι	
Augm.	Imperfect,	ον, ν		όμην, μην	
	Future,	σω	σομαι		θήσομαι
	Fut. II.,				ήσομαι
Augm.	Aorist,	σα	σάμην		θην
Augm.	Aor. II.,	ον, ν	όμην, μην		ην
Redpl.	Perfect,	κα		μαι	
Redpl.	Perf. II.,	α			
Augm. Redpl.	Pluperfect,	κειν		μην	
Augm. Redpl.	Pluperf. II.,	ειν			
Redpl.	Fut. Perf.			σομαι	

¶ 29. IV. AFFIXES OF THE

			Present. Nude.	Euphonic.	Imperfect. Nude.	Euphonic
Ind.	S.	1	μι	ω	ν	ον
		2	ς	εις	ς	ες
		3	σι(ν)	ει	*	ε(ν)
	P.	1	μεν	ομεν	μεν	ομεν
		2	τε	ετε	τε	ετε
		3	νσι(ν), ᾱσι(ν)	ουσι(ν)	σαν	ον
	D.	1	μεν	ομεν	μεν	ομεν
		2	τον	ετον	τον	ετον
		3	τον	ετον	την	ετην
Subj.	S.	1		ω		
		2		ης		
		3		η		
	P.	1		ωμεν		
		2		ητε		
		3		ωσι(ν)		
	D.	1		ωμεν		
		2		ητον		
		3		ητον		
Opt.	S.	1	ιην	οιμι		
		2	ιης	οις		
		3	ιη	οι		
	P.	1	ιημεν, ῑμεν	οιμεν		
		2	ιητε, ῑτε	οιτε		
		3	ιησαν, ῑεν	οιεν		
	D.	1	ιημεν, ῑμεν	οιμεν		
		2	ιητον, ῑτον	οιτον		
		3	ιήτην, ῑτην	οιτην		
Imp.	S.	2	θι, ς, ε	ε		
		3	τω	ετω		
	P.	2	τε	ετε		
		3	τωσαν, ντων	ετωσαν, οντων		
	D.	2	τον	ετον		
		3	των	ετων		
Inf.			ναι	ειν		
Part.	N.		ντς, ντσᾰ, ν	ων, ουσᾰ, ον		
	G.		ντος, ντσης	οντος, ούσης		

ACTIVE VOICE.

			Future.	Aorist.	Perfect.	Fluperfect.
Ind.	S.	1	σω	σᾰ	κ-ᾰ	κ-ειν, κ-η
		2	σεις	σᾱς	κ-ᾰς	κ-εις
		3	σει	σε(ν)	κ-ε(ν)	κ-ει
	P.	1	σομεν	σᾰμεν	κ-ᾰμεν	κ-ειμεν
		2	σετε	σᾱτε	κ-ᾱτε	κ-ειτε
		3	σουσι(ν)	σᾱν	κ-ᾱσι(ν)	κ-εισαν, κ-εσαν
	D.	1	σομεν	σᾰμεν	κ-ᾰμεν	κ-ειμεν
		2	σετον	σᾱτον	κ-ᾰτον	κ-ειτον
		3	σετον	σᾰτην	κ-ᾰτον	κ-ειτην
Subj.	S.	1		σω	(κ-ω)	
		2		σῃς	(κ-ῃς)	
		3		σῃ	(κ-ῃ)	
	P.	1		σωμεν	(κ-ωμεν)	
		2		σητε	(κ-ητε)	
		3		σωσι(ν)	(κ-ωσι-ν)	
	D.	1		σωμεν	(κ-ωμεν)	
		2		σητον	(κ-ητον)	
		3		σητον	(κ-ητον)	
Opt.	S.	1	σοιμι	σαιμι	(κ-οιμι)	
		2	σοις	σαις, σειᾰς	(κ-οις)	
		3	σοι	σαι, σειε(ν)	(κ-οι)	
	P.	1	σοιμεν	σαιμεν	(κ-οιμεν)	
		2	σοιτε	σαιτε	(κ-οιτε)	
		3	σοιεν	σαιεν, σειᾱν	(κ-οιεν)	
	D.	1	σοιμεν	σαιμεν	(κ-οιμεν)	
		2	σοιτον	σαιτον	(κ-οιτον)	
		3	σοιτην	σαιτην	(κ-οιτην)	
Imp.	S.	2		σον	(κ-ε)	
		3		σᾰτω	(κ-ετω)	
	P.	2		σᾱτε　[των	(κ-ετε)	
		3		σᾱτωσαν, σαν-	(κ-ετωσαν, κ-οντων)	
	D.	2		σᾱτον	(κ-ετον)	
		3		σᾱτων	(κ-ετων)	
Inf.			σειν	σαι	κ-εναι	
Part.	N.		σων, &c.	σᾱς, σᾱσᾰ, σᾱν	κ-ως, κ-υιᾰ, κ-ος	
	G.		σοντος	σαντος, σᾱσης	κ-οτος, κ-υιᾱς	

¶ 30. v. Affixes of the

		Pres.		Imperf.		Perf.	Plup.
		Nude.	Euph.	Nude.	Euph.		
Ind.	S. 1	μαι	ομαι	μην	ὀμην	μαι	μην
	2	σαι, αι	η, ει	σο, ο	ου	σαι	σο
	3	ται	εται	το	ετο	ται	το
	P. 1	μεθα	ὀμεθα	μεθα	ὀμεθα	μεθα	μεθα
	2	σθε	εσθε	σθε	εσθε	σθε	σθε
	3	νται	ονται	ντο	οντο	νται	ντο
	D. 1	μεθα	ὀμεθα	μεθα	ὀμεθα	μεθα	μεθα
	2	σθον	εσθον	σθον	εσθον	σθον	σθον
	3	σθον	εσθον	σθην	ἐσθην	σθον	σθην

Subj.	S. 1		ωμαι			$(μένος \overset{3}{ω})$	
	2		η			$(μένος \overset{3}{ῃς})$	
	3		ηται			$(μένος \overset{5}{ῃ})$	
	P. 1		ὡμεθα			$(μένοι \overset{3}{ὡμεν})$	
	2		ησθε			$(μένοι \overset{3}{ῃτε})$	
	3		ωνται			$(μένοι \overset{3}{ὡσι-ν})$	
	D. 1		ὡμεθα			$(μένω \overset{3}{ὡμεν})$	
	2		ησθον			$(μένω \overset{3}{ῃτον})$	
	3		ησθον			$(μένω \overset{3}{ῃτον})$	

Opt.	S. 1	ιμην	οἰμην			$(μένος εἴην)$	
	2	ιο	οιο			$(μένος εἴης)$	
	3	ιτο	οιτο			$(μένος εἴη)$	
	P. 1	ιμεθα	οἰμεθα			$(μένοι εἴημεν)$	
	2	ισθε	οισθε			$(μένοι εἴητε)$	
	3	ιντο	οιντο			$(μένοι εἴησαν)$	
	D. 1	ιμεθα	οἰμεθα			$(μένω εἴημεν)$	
	2	ισθον	οισθον			$(μένω εἴητον)$	
	3	ισθην	οἰσθην			$(μένω εἰήτην)$	

Imp.	S. 2	σο, ο	ου			σο	
	3	σθω	ἐσθω			σθω	
	P. 2	σθε	εσθε			σθε	
	3	σθωσαν, σθων	ἐσθωσαν, ἐσθων			σθωσαν, σθων	
	D. 2	σθον	εσθον			σθον	
	3	σθων	ἐσθων			σθων	

Inf.		σθαι	εσθαι			σθαι	

Part.	N.	μενος, -η, -ον	ὀμενος, -η, -ον			μένος, -η, -ον	
	G.	μένου -ης	ομένου, -ης			μένου, -ης	

MIDDLE AND PASSIVE VOICES.

		Fut. Mid	Aor. Mid.	Aor. Pass.	Fut. Pass.
Ind.	S. 1	σομαι	σάμην	ϑ-ην	ϑ-ήσομαι
	2	ση, σει	σω	ϑ-ης	ϑ-ήση, ϑ-ήσει
	3	σεται	σατο	ϑ-η	ϑ-ήσεται
	P. 1	σόμεϑα	σάμεϑα	ϑ-ημεν	ϑ-ησόμεϑα
	2	σεσϑε	σασϑε	ϑ-ητε	ϑ-ήσεσϑε
	3	σονται	σαντο	ϑ-ησαν	ϑ-ήσονται
	D. 1	σόμεϑα	σάμεϑα	ϑ-ημεν	ϑ-ησόμεϑα
	2	σεσϑον	σασϑον	ϑ-ητον	ϑ-ήσεσϑον
	3	σεσϑον	σάσϑην	ϑ-ήτην	ϑ-ήσεσϑον
Subj.	S. 1		σωμαι	ϑ-ῶ	
	2		ση	ϑ-ῇς	
	3		σηται	ϑ-ῇ	
	P. 1		σώμεϑα	ϑ-ῶμεν	
	2		σησϑε	ϑ-ῆτε	
	3		σωνται	ϑ-ῶσι(ν)	
	D. 1		σώμεϑα	ϑ-ῶμεν	
	2		σησϑον	ϑ-ῆτον	
	3		σησϑον	ϑ-ῆτον	
Opt.	S. 1	σοίμην	σαίμην	ϑ-είην	ϑ-ησοίμην
	2	σοιο	σαιο	ϑ-είης	ϑ-ήσοιο
	3	σοιτο	σαιτο	ϑ-είη	ϑ-ήσοιτο
	P. 1	σοίμεϑα	σαίμεϑα	ϑ-είημεν,ϑ-εῖμεν	ϑ-ησοίμεϑα
	2	σοισϑε	σαισϑε	ϑ-είητε, ϑ-εῖτε	ϑ-ήσοισϑε
	3	σοιντο	σαιντο	ϑ-είησαν,ϑ-εῖεν	ϑ-ήσοιντο
	D. 1	σοίμεϑα	σαίμεϑα	ϑ-είημεν,ϑ-εῖμεν	ϑ-ησοίμεϑα
	2	σοισϑον	σαισϑον	ϑ-είητον	ϑ-ήσοισϑον
	3	σοίσϑην	σαίσϑην	ϑ-ειήτην	ϑ-ησοίσϑην
Imp.	S. 2		σαι	ϑ-ητι	
	3		σάσϑω	ϑ-ήτω	
	P. 2		σασϑε	ϑ-ητε	
	3		σάσϑωσαν, σάσϑων	ϑ-ήτωσαν, ϑ-έντων	
	D. 2		σασϑον	ϑ-ητον	
	3		σάσϑων	ϑ-ήτων	
Inf.		σεσϑαι	σασϑαι	ϑ-ῆναι	ϑ-ήσεσϑαι
Part.	N.	σόμενος	σάμενος	ϑ-είς,ϑ-εῖσᾰ,ϑ-έν	ϑ-ησόμενος
	G.	σομένου	σαμένου	ϑ-έντος, ϑ-είσης	ϑ-ησομένου

4

¶ 31. VI. ANALYSIS OF THE AFFIXES OF CONJUGATION.

| | TENSE-SIGNS | | | | | | CONNECTING VOWELS | | | | | | | | | | FLEXIBLE ENDINGS | | | | | |
	Future and Aorist, Active and Middle.	Future Perfect.	Perfect and Pluperfect Active.	Aorist Passive.	Future Passive.	Present and Imperfect, Perfect and Pluperfect Passive.	**INDICATIVE** Present, Imperfect, and Future.	Aorist Active and Middle. / Perfect Active.	Pluperfect Active.	Aor., Perf., and Pluperf., Passive. Pres. and Imperf. of Verbs in -μι.	**SUBJUNCTIVE**	**OPTATIVE** Middle of Verbs in -μι.	Active of Verbs in -μι. / Aorist Passive.	Present and Future.	Aorist Active and Middle.	**IMPER. INFIN. PARTIC.** Present and Future. / Perfect Active.	Aorist Active and Middle.	Aorist and Perfect Passive, Present of Verbs in -μι.	**SUBJECTIVE** Primary	Secondary	Imperative, Infinitive, Participle.	**OBJECTIVE** Primary	Secondary	Imperative, Infinitive, Participle.
S. 1	σ	—	κ-	θε-, ε-	θησο-	*	ο	α	ει(ς)	*	ω	ι	ιη	οι	αι	ε(ο)	α	*	μ (μι,*)	μ (ς, μἰ,*)		μαι	μην	
S. 2	σ	—	κ-	θε-, ε-	θησο-	*	ε	α	ει	*	η	ι	ιη	οι	αι	ε	α	θ (θἰ, ς, ς,*)	ς (σθα) τ(σἰ,*)	ς (σθα)	τε	σ-ο	σο	σο
S. 3	σ	—	κ-	θε-, ε-	θησο-	*	ο	α	ει	*	η	ι	ιη	οι	αι	ε	α	τω	τι (ντἰ)	—	τι	το	σθω	σθω
P. 1	σ	—	κ-	θε-, ε-	θησο-	*	ο	α	ει	*	ω	ι	ιη	οι	αι	ε	α	τε	μεν	μεν	τε	μεθα	μεθα	σθε
P. 2	σ	—	κ-	θε-, ε-	θησο-	*	ε	α	ει	*	η	ι	ιη	οι	αι	ε	α	τε	τε	ταωσάν, τε	τε	σθε	σθε	σθε
P. 3	σ	—	κ-	θε-, ε-	θησο-	*	ο	α	ει	*	ω	ι	ιη	οι	αι	ε(ο)	α	ντων	νσι (ντἰ)	ντα	νσι	ντο	σθων	σθων
D. 1	σ	—	κ-	θε-, ε-	θησο-	*	ο	α	ει	*	ω	ι	ιη	οι	αι	—	α	—	ν (ς, ςν), σαν	—	μεν	μεθα	σθον	σθον
D. 2	σ	—	κ-	θε-, ε-	θησο-	*	ε	α	ει	*	η	ι	ιη	οι	αι	ε	α	τον	τον	τον	τον	σθον	σθον	σθον
D. 3	σ	—	κ-	θε-, ε-	θησο-	*	ο	α	ει	*	η	ι	ιη	οι	αι	ε	α	των	την	των	την	σθην	σθων	σθων
Inf.	σ	—	κ-	θε-, ε-	θησο-	*	—	—	—	—	—	ι	ιη	οι	—	ε(ν)	α	ναι, ν, εν, ς					
Part.	σ	—	κ-	ε-, θε-	θησο-	*	—	—	—	—	—	—	—	—	—	ο	—	ντ, ς, οτ, (σ-)	σ-ο		ντ, -ος	σ-ο	σ-ο

¶ 32. VII. DIALECTIC FORMS (see §§ 241–253).

SUBJECTIVE.

Singular.

1 **Ind. Pr.** ω, Old μι · ὅρημι, κάλημι.
ἑων ῶ, Ion. ἑω · ὁρέω, φορέω.
Ep. όω, ώω · ὁρόω, μενοινάω.
ἑεω, ῆ, Ep. είω · νεικείω, τελέω.
σα, Dor. ξω · ἀξῶ, στερίω.
σα, Dor. ξῶ · δικαζῶ, κομιζῶ.
ῶ, Ion. ἑω · ἀγγελέω, φανέω.

Impf. ν, Iter. σκον · ἔχεσκον, φέρεσκον.
Ion. α · ἐτίθεα, ἧα, ἔα.

αον, ων, Ion. εον, Ion. and Dor. εων · ἠγάπεον.
Aor. σα, Dor. ξα · ἐκόμιξα, ἔφλαξα.
Iter. σασκον · στερέσασκον, ὤσασκον.

Plup. εσν, Ion. εα · ᾔδεα, ἐτεθήπεα.
Old Att. η · ᾔδη, ἐπεπόνθη.

Subj. ω, Ep. ωμι · ἴδωμι, ἵκωμι.
ῶ, Ep. είω, ίω, &c. ; δαμείω, θείω, γνώω.

2 ς, Old οὐκ · εἶσθα, βέλλοισθα.
εἰς, Dor. ες · ἀμέλγες, συρίσδες.
ἑεις, ᾶς, Dor. ῆς · ὁρῇς, τολμῇς, λῇς.
Ep. ασς · ὁράας, ἑάας.

3 σι, Dor. τι · τίθητι, φατί.
Subj. ῃ, Ep. ησι · ἄγησι, θείησιν.

Plural.

1 μεν, Dor. μες · εὕρομες, δεδοίκαμες.
Subj. ωμεν, Ep. ομεν · ἀγείρομεν, ἴομεν.

2 **Subj.** ητε, Ep. ετε · ἴδετε.

3 νσι, Dor. ντι · φαντί, ἔχοντι.
ουσι, ῶσι, Æol. οισι · κρύπτοισιν, στάζοισιν.
ἀουσι, ῶσι, Ep. ἁουσι, ώουσι · βοόωσιν, δρώωσι.
Dor. ἄντι · στείναντι.
ἑουσι, οῦσι, Ion. εῦσι · ποιεῦσι.
Dor. εῦντι · φιλεῦντι, μενοιῦντι.
ᾶσι, Ion. ἑασι · ἱστᾶσι, ἱστέασι.
ᾶσι, Æol. αισι · φαισί.
ᾶσι, on, Alex. αν, οσαν · εἴρηκαν, ἦλθοσαν.
σαν, Old ν · ἔσταν, ἤγερθεν.

Inf. ναι, Æol. ν · μεθύσθην, ἀντλᾱν.
Dor. and Ep. μεν · κρηθῆμεν, φέρμεν.
Ep. and Æol. μεναι · μιχθήμεναι, στέμεναι.
εἰν, Dor. εν · συρίσδεν, βόσκεν. [ναι.
Dor. and Æol. ην · εὑρῆν, ἄγην.
Poet. ἑμεν, ἑμεναι · ἀξέμεν, ἀξέμεναι.
εῖν, Ion. ἑειν · ἰδέειν, παθέειν.
ἁειν, ᾶν, Ep. άαν · ὁράᾱν, ἐλάᾱν.
Dor. ην · ὁρῆν, ἀγῆν.
ἁειν, Dor. ῶς · ὑπνῶν, ῥιγῶν. [κεν.
ἱναι, Dor. and Æol. εν, ην · δεδύκειν, τεθνά-
Ep. ἑμεν · πετλήγεμεν.

Pt. ῶν, Ion. ἑων · ἀγγελέων, ἑρέων.
ἑων, ῶν, Ep. όων, ώων · ὁρόων.
ᾶς, ᾶσα, Æol. αις · αισα · ῥίψαις, -αισα.
ουσα, ῶσα, Æol. οισα · ἔχοισα, φέροισα.
ἑουσα, οῦσα, Ep. ὁωσα, οιωσα · ὁρόωσα.
G. ὄντος, Ep. ῶτος · βεβαῶτος, κεκμηῶτος.

OBJECTIVE.

Singular.

1 ἑομαι, οῦμαι, Ion. and Dor. εῦμαι · φοβεῦμαι.
ομαι, Dor. οῦμαι, εῦμαι · ἐξοῦμαι, ἀστοῦμαι.
οῦμαι, Ion. ἑομαι · φανέομαι, ὀλέομαι.
μην, Dor. μᾱν · δυνάμᾱν, ἱκόμᾱν.
Iter. σκόμην · πελεσκόμην, μνησασκόμην.

2 η, Ion. εαι, **Subj.** ηαι · ἔσεαι, τιθῆαι.
Hel. εσαι · πίεσαι, καυχᾶσαι.
αυ, Ion. εο · ἔελεο, φράζεο.
Ion. and Dor. ευ · ἔπλευ, φράζευ.
Ep. ειο · ἔξειο, στεῖο.
ω, Ion. αο · ἰδέξαο, ἵστασο.
Dor. ᾱ · ἱκνεῖξα, ἤρᾱ.

σαι, σο, Ep. αι, ο · βέλληαι, ἕσσνο.
ἔξαι, ἕσο, Ion. ἑαι, εο · φοβέαι, φοβέο.

Plural.

1 μεθα, Poet. μεσθα · ἀγόμεσθα, ἑσόμεσθα.

3 νται, ντο, Ion. αται, ατο · κέαται, ἕατο.
ανται, αντο, Ion. ἑαται, ἑατο · δυνέαται.
οντο, Ion. ἑατο · ἐδουλέξατο, ἱκέατο.
ἑονται, ῶνται, Ep. ὁωνται, ώωνται · αἰτιόωνται.
ἑωντο, ῶντο, Ep. ὁωντο, ώωντο · ἐμνώοντο.
Du. 3 σθην, Dor. σθᾱν · χιτισάσθᾱν, ἱκέσθᾱν.

Inf. ἀεσθαι, ᾶσθαι, Ion. ἑεσθαι · χρέεσθαι.
Ep. ἁασθαι · ὁράασθαι.
Dor. ἦσθαι · ψηφίσθαι.
εῖσθαι, Ion. ἑεσθαι · φανέεσθαι, ὀλέεσθαι.

¶ 33.   VIII. THE ACTIVE VOICE OF THE

	Present.	Imperfect.
Ind. S. 1 *I* 2 *Thou, You* 3 *He, She, It* P. 1 *We* 2 *Ye, You* 3 *They* D. 1 *We two* 2 *You two* 3 *They two*	*am planning,* or *plan.*	*was planning* or *planned.*
Subj. S. 1 *I* 2 *Thou, You* 3 *He, She, It* P. 1 *We* 2 *Ye, You* 3 *They* D. 1 *We two* 2 *You two* 3 *They two*	*may plan,* *can plan,* or *plan.*	
Opt. S. 1 *I* 2 *Thou, You* 3 *He, She, It* P. 1 *We* 2 *Ye, You* 3 *They* D. 1 *We two* 2 *You two* 3 *They two*	*might plan,* *should plan,* *would plan,* *could plan,* or *planned.*	
Imp. S. 2 *Do thou* 3 *Let him* P. 2 *Do you* 3 *Let them* D. 2 *Do you two* 3 *Let them two*	*be planning,* or *plan.*	
Infinitive,	*To be planning,* or *To plan.*	
Participle,	*Planning.*	

VERB βουλεύω (¶ 34) TRANSLATED.

Future.	Aorist.	Perfect.	Pluperfect.
shall plan, or will plan.	planned, have planned, had planned, or plan.	have planned.	had planned.
	may plan, may have planned, can plan, can have planned, plan, or have planned.		
should plan, or would plan.	might plan, might have planned, should plan, should have planned, would plan, would have planned, could plan, could have planned, plan, or have planned,		
	plan, or have planned.		
To be about to plan.	To plan, or To have planned.	To have planned.	
About to plan.	{ Having planned, or Planning. }	Having planned	

4*

¶ 34. IX. ACTIVE VOICE OF THE

		Present.	Imperfect.	Future.
Ind. S.	1	βουλεύω	ἐβούλευον	βυλεύσω
	2	βουλεύεις	ἐβούλευες	βουλεύσεις
	3	βουλεύει	ἐβούλευε	βουλεύσει
P.	1	βουλεύομεν	ἐβουλεύομεν	βουλεύσομεν
	2	βουλεύετε	ἐβουλεύετε	βουλεύσετε
	3	βουλεύουσι	ἐβούλευον	βουλεύσουσι
D.	2	βουλεύετον	ἐβουλεύετον	βουλεύσετον
	3		ἐβουλευέτην	
Subj. S.	1	βουλεύω		
	2	βουλεύῃς		
	3	βουλεύῃ		
P.	1	βουλεύωμεν		
	2	βουλεύητε		
	3	βουλεύωσι		
D.	2	βουλεύητον		
Opt. S.	1	βουλεύοιμι		βουλεύσοιμι
	2	βουλεύοις		βουλεύσοις
	3	βουλεύοι		βουλεύσοι
P.	1	βουλεύοιμεν		βουλεύσοιμεν
	2	βουλεύοιτε		βουλεύσοιτε
	3	βουλεύοιεν		βουλεύσοιεν
D.	2	βουλεύοιτον		βουλεύσοιτον
	3	βουλευοίτην		βουλευσοίτην
Imp. S.	2	βούλευε		
	3	βουλευέτω		
P.	2	βουλεύετε		
	3	βουλευέτωσαν		
		βουλευόντων		
D.	2	βουλεύετον		
	3	βουλευέτων		
Infin.		βουλεύειν		βουλεύσειν
Part.		βουλεύων		βουλεύσων

REGULAR VERB βουλεύω, *to plan, to counsel.*

Aorist.	Perfect.	Pluperfect.
ἐβούλευσα	βεβούλευκα	ἐβεβουλεύκειν
ἐβούλευσας	βεβούλευκας	ἐβεβουλεύκεις
ἐβούλευσε	βεβούλευκε	ἐβεβουλεύκει
ἐβουλεύσαμεν	βεβουλεύκαμεν	ἐβεβουλεύκειμεν
ἐβουλεύσατε	βεβουλεύκατε	ἐβεβουλεύκειτε
ἐβούλευσαν	βεβουλεύκᾱσι	ἐβεβουλεύκεισαν,
		ἐβεβουλεύκεσαν
ἐβουλεύσατον	βεβουλεύκατον	ἐβεβουλεύκειτον
ἐβουλευσάτην		ἐβεβουλευκείτην

βουλεύσω
βουλεύσῃς
βουλεύσῃ

βουλεύσωμεν
βουλεύσητε
βουλεύσωσι

βουλεύσητον

βουλεύσαιμι
βουλεύσαις, βουλεύσειας
βουλεύσαι, βουλεύσειε

βουλεύσαιμεν
βουλεύσαιτε
βουλεύσαιεν, βουλεύσειαν

βουλεύσαιτον
βουλευσαίτην

βούλευσον
βουλευσάτω

βουλεύσατε
βουλευσάτωσαν,
 βουλευσάντων

βουλεύσατον
βουλευσάτων

βουλεῦσαι	βεβουλευκέναι
βουλεύσᾱς	βεβουλευκώς

¶ 35. x. Middle and Passive Voices of

(In the Middle Voice

		Present.	Imperfect.	Future Mid.
Ind	S.	1 βουλεύομαι	ἐβουλευόμην	βουλεύσομαι
		2 βουλεύῃ,	ἐβουλεύου	βουλεύσῃ,
		βουλεύει		βουλεύσει
		3 βουλεύεται	ἐβουλεύετο	βουλεύσεται
	P.	1 βουλευόμεθα	ἐβουλευόμεθα	βουλευσόμεθα
		2 βουλεύεσθε	ἐβουλεύεσθε	βουλεύσεσθε
		3 βουλεύονται	ἐβουλεύοντο	βουλεύσονται
	D.	2 βουλεύεσθον	ἐβουλεύεσθον	βουλεύσεσθον
		3	ἐβουλευέσθην	
Subj.	S.	1 βουλεύωμαι		
		2 βουλεύῃ		
		3 βουλεύηται		
	P.	1 βουλευώμεθα		
		2 βουλεύησθε		
		3 βουλεύωνται		
	D.	2 βουλεύησθον		
Opt.	S.	1 βουλευοίμην		βουλευσοίμην
		2 βουλεύοιο		βουλεύσοιο
		3 βουλεύοιτο		βουλεύσοιτο
	P.	1 βουλευοίμεθα		βουλευσοίμεθα
		2 βουλεύοισθε		βουλεύσοισθε
		3 βουλεύοιντο		βουλεύσοιντο
	D.	2 βουλεύοισθον		βουλεύσοισθον
		3 βουλευοίσθην		βουλευσοίσθην
Imp.	S.	2 βουλεύου		
		3 βουλευέσθω		
	P.	2 βουλεύεσθε		
		3 βουλευέσθωσαν,		
		βουλευέσθων		
	D.	2 βουλεύεσθον		
		3 βουλευέσθων		
Infin.		βουλεύεσθοι		βουλεύσεσθαι
Part.		βουλευόμενος		βουλευσόμενος

THE REGULAR VERB *βουλεύω, to plan, to counsel.*

to deliberate, to resolve.)

Aorist Mid.	Perfect.	Pluperfect.
ἐβουλευσάμην	βεβούλευμαι	ἐβεβουλεύμην
ἐβουλεύσω	βεβούλευσαι	ἐβεβούλευσο
ἐβουλεύσατο	βεβούλευται	ἐβεβούλευτο
ἐβουλευσάμεθα	βεβουλεύμεθα	ἐβεβουλεύμεθα
ἐβουλεύσασθε	βεβούλευσθε	ἐβεβούλευσθε
ἐβουλεύσαντο	βεβούλευνται	ἐβεβούλευντο
ἐβουλεύσασθον	βεβούλευσθον	ἐβεβούλευσθον
ἐβουλευσάσθην		ἐβεβουλεύσθην

βουλεύσωμαι
βουλεύσῃ
βουλεύσηται
βουλευσώμεθα
βουλεύσησθε
βουλεύσωνται
βουλεύσησθον

βουλευσαίμην
βουλεύσαιο
βουλεύσαιτο
βουλευσαίμεθα
βουλεύσαισθε
βουλεύσαιντο
βουλεύσαισθον
βουλευσαίσθην

βούλευσαι	βεβούλευσο
βουλευσάσθω	βεβουλεύσθω
βουλεύσασθε	βεβούλευσθε
βουλευσάσθωσαν,	βεβουλεύσθωσαν,
βουλευσάσθων	βεβουλεύσθων
βουλεύσασθον	βεβούλευσθον
βουλευσάσθων	βεβουλεύσθων
βουλεύσασθαι	βεβουλεῦσθαι
βουλευσάμενος	βεβουλευμένος

TABLE X. COMPLETED.

	Aorist Pass.		Future Pass.
Ind. S.	1	ἐβουλεύθην	βουλευθήσομαι
	2	ἐβουλεύθης	βουλευθήσῃ,
			βουλευθήσει
	3	ἐβουλεύθη	βουλευθήσεται
P.	1	ἐβουλεύθημεν	βουλευθησόμεθα
	2	ἐβουλεύθητε	βουλευθήσεσθε
	3	ἐβουλεύθησαν	βουλευθήσονται
D.	2	ἐβουλεύθητον	βουλευθήσεσθον
	3	ἐβουλευθήτην	

		Subj.
Subj. S.	1	βουλευθῶ
	2	βουλευθῇς
	3	βουλευθῇ
P.	1	βουλευθῶμεν
	2	βουλευθῆτε
	3	βουλευθῶσι
D	2	βουλευθῆτον

		Opt.		Future
Opt. S.	1	βουλευθείην		βουλευθησοίμην
	2	βουλευθείης		βουλευθήσοιο
	3	βουλευθείη		βουλευθήσοιτο
P.	1	βουλευθείημεν,	βουλευθεῖμεν	βουλευθησοίμεθα
	2	βουλευθείητε,	βουλευθεῖτε	βουλευθήσοισθε
	3	βουλευθείησαν,	βουλευθεῖεν	βουλευθήσοιντο
D.	2	βουλευθείητον		βουλευθήσοισθον
	3	βουλευθειήτην		βουλευθησοίσθην

		Imp.
Imp. S.	2	βουλεύθητι
	3	βουλευθήτω
P.	2	βουλεύθητε
	3	βουλευθήτωσαν, βουλευθέντων
D.	2	βουλεύθητον
	3	βουλευθήτων

Infin.		βουλευθῆναι	βουλευθήσεσθαι
Part.		βουλευθείς	βουλευθησόμενος

¶ 36. XI. (A.) MUTE VERBS. i. LABIAL.

1. Γράφω, to write.

ACTIVE VOICE.

	Present.	Future.	Aorist.	Perfect.
Ind.	γράφω	γράψω	ἔγραψα	γέγραφα
Subj.	γράφω		γράψω	
Opt.	γράφοιμι	γράψοιμι	γράψαιμι	
Imp.	γράφε		γράψον	
Inf.	γράφειν	γράψειν	γράψαι	γεγραφέναι
Part.	γράφων	γράψων	γράψας	γεγραφώς
	Imperfect.			Pluperfect.
Ind.	ἔγραφον			ἐγεγράφειν

MIDDLE AND PASSIVE VOICES.

	Present.	Future Mid.	Aorist Mid.	3 Future.
Ind.	γράφομαι	γράψομαι	ἐγραψάμην	γεγράψομαι
Subj.	γράφωμαι		γράψωμαι	
Opt.	γραφοίμην	γραψοίμην	γραψαίμην	γεγραψοίμην
Imp.	γράφου		γράψαι	
Inf.	γράφεσθαι	γράψεσθαι	γράψασθαι	γεγράψεσθαι
Part.	γραφόμενος	γραψόμενος	γραψάμενος	γεγραψόμενος
	Imperfect.	2 Aor. Pass.		2 Fut. Pass.
Ind.	ἐγραφόμην	ἐγράφην		γραφήσομαι
Subj.		γραφῶ		
Opt.		γραφείην		γραφησοίμην
Imp.		γράφηθι		
Inf.		γραφῆναι		γραφήσεσθαι
Part.		γραφείς		γραφησόμενος

PERFECT, Ind.		Imp.	Inf.	PLUPERFECT.
S. 1	γέγραμμαι		γεγράφθαι	ἐγεγράμμην
2	γέγραψαι	γέγραψο		ἐγέγραψο
3	γέγραπται	γεγράφθω	Part.	ἐγέγραπτο
P. 1	γεγράμμεθα		γεγραμμένος	ἐγεγράμμεθα
2	γέγραφθε	γέγραφθε		ἐγέγραφθε
3	γεγραμμένοι	γεγράφθωσαν,		γεγραμμένοι
	[εἰσί	γεγράφθων		[ἦσαν
D. 2	γέγραφθον	γέγραφθον		ἐγέγραφθον
3		γεγράφθων		ἐγεγράφθην

¶ 37. LABIAL. 2. Λείπω, *to leave.*

ACTIVE VOICE.

	Present.	Imperfect.	Future.	2 Perfect.	2 Pluperfect.
Ind.	λείπω	ἔλειπον	λείψω	λέλοιπα	ἐλελοίπειν
Subj.	λείπω				
Opt.	λείποιμι		λείψοιμι		
Imp.	λεῖπε				
Inf.	λείπειν		λείψειν	λελοιπέναι	
Part.	λείπων		λείψων	λελοιπώς	

AORIST II.

	Ind.	Subj.	Opt.	Imp.	Inf.
S. 1	ἔλιπον	λίπω	λίποιμι		λιπεῖν
2	ἔλιπες	λίπῃς	λίποις	λίπε	
3	ἔλιπε	λίπῃ	λίποι	λιπέτω	Part.
P. 1	ἐλίπομεν	λίπωμεν	λίποιμεν		λιπών
2	ἐλίπετε	λίπητε	λίποιτε	λίπετε	λιποῦσα
3	ἔλιπον	λίπωσι	λίποιεν	λιπέτωσαν, λιπόντων	λιπόν
D. 2	ἐλίπετον	λίπητον	λίποιτον	λίπειον	λιπόντος
3	ἐλιπέτην		λιποίτην	λιπέτων	λιπούσης

MIDDLE AND PASSIVE VOICES.

	Present.	Future Mid.	Perfect.	Aorist Pass.
Ind.	λείπομαι	λείψομαι	λέλειμμαι	ἐλείφθην
Subj.	λείπωμαι			λειφθῶ
Opt.	λειποίμην	λειψοίμην		λειφθείην
Imp.	λείπου		λέλειψο	λείφθητι
Inf.	λείπεσθαι	λείψεσθαι	λελεῖφθαι	λειφθῆναι
Part.	λειπόμενος	λειψόμενος	λελειμμένος	λειφθείς

	Imperfect.	3 Future.	Pluperfect.	Future Pass.
Ind.	ἐλειπόμην	λελείψομαι	ἐλελείμμην	λειφθήσομαι

AORIST II. MIDDLE.

	Ind.	Subj.	Opt.	Imp.	Inf.
S. 1	ἐλιπόμην	λίπωμαι	λιποίμην		λιπέσθαι
2	ἐλίπου	λίπῃ	λίποιο	λιποῦ	
3	ἐλίπετο	λίπηται	λίποιτο	λιπέσθω	Part.
P. 1	ἐλιπόμεθα	λιπώμεθα	λιποίμεθα		λιπόμενος
2	ἐλίπεσθε	λίπησθε	λίποισθε	λίπεσθε	
3	ἐλίποντο	λίπωνται	λίποιντο	λιπέσθωσαν, λιπέσθων	
D. 2	ἐλίπεσθον	λίπησθον	λίποισθον	λίπεσθον	
3	ἐλιπέσθην		λιποίσθην	λιπέσθων	

¶ 38. ii. PALATAL. Πράσσω or πράττω, to do.

ACTIVE VOICE.

	Present.		Future.	Aorist.	1 Perfect.	2 Perfect.
Ind.	πράσσω,	πράττω	πράξω	ἔπραξα	πέπραχα	πέπραγα
Subj.	πράσσω,	πράττω		πράξω		
Opt.	πράσσοιμι,	πράττοιμι	πράξοιμι	πράξαιμι		
Imp.	πράσσε,	πράττε		πρᾶξον	[ναι	[ναι
Inf.	πράσσειν,	πράττειν	πράξειν	πρᾶξαι	πεπραχέ-	πεπραγέ-ι
Part.	πράσσων,	πράττων	πράξων	πράξας	πεπραχώς	πεπραγώς

Imperfect.		1 Pluperfect.	2 Pluperfect.
ἔπρασσον, ἔπραττον		ἐπεπράχειν	ἐπεπράγειν

MIDDLE AND PASSIVE VOICES.

	Present.		Imperfect.	Future Mid.
Ind.	πράσσομαι,	πράττομαι	ἐπρασσόμην, ἐπραττόμην	πράξομαι
Subj.	πράσσωμαι,	πράττωμαι		
Opt.	πρασσοίμην,	πραττοίμην		πραξοίμην
Imp.	πράσσου,	πράττου		
Inf.	πράσσεσθαι,	πράττεσθαι		πράξεσθαι
Part.	πρασσόμενος,	πραττόμενος		πραξόμενος

	Aorist Mid.	Aorist Pass.	Future Pass.	3 Future.
Ind.	ἐπραξάμην	ἐπράχθην	πραχθήσομαι	πεπράξομαι
Subj.	πράξωμαι	πραχθῶ		
Opt.	πραξαίμην	πραχθείην	πραχθησοίμην	πεπραξοίμην
Imp.	πρᾶξαι	πράχθητι		
Inf.	πράξασθαι	πραχθῆναι	πραχθήσεσθαι	πεπράξεσθαι
Part.	πραξάμενος	πραχθείς	πραχθησόμενος	πεπραξόμενος

		PERFECT.		PLUPERFECT.
	Ind.	Imp.	Inf.	
S. 1	πέπραγμαι		πεπρᾶχθαι	ἐπεπράγμην
2	πέπραξαι	πέπραξο		ἐπέπραξο
3	πέπρακται	πεπράχθω	Part.	ἐπέπρακτο
P. 1	πεπράγμεθα		πεπραγμένος	ἐπεπράγμεθα
2	πέπραχθε	πέπραχθε		ἐπέπραχθε
3	πεπραγμένοι	πεπράχθωσαν,		πεπραγμένοι
	[εἰσί	πεπράχθων		[ἦσαν
D. 2	πέπραχθον	πέπραχθον		ἐπέπραχθον
3		πεπράχθων		ἐπεπράχθην

¶ 39. iii. LINGUAL. 1. Πείθω, to persuade.

(2 Perfect, to trust ; Middle and Passive, to believe, to obey.)

ACTIVE VOICE.

	Present.	Future.	1 Aorist.	2 Aorist.	1 Perfect.	2 Perfect.
Ind.	πείθω	πείσω	ἔπεισα	ἔπιθον	πέπεικα	πέποιθα
Subj.	πείθω		πείσω	πίθω		πεποίθω
Opt.	πείθοιμι	πείσοιμι	πείσαιμι	πίθοιμι		πεποιθοίην
Imp.	πεῖθε		πεῖσον	πίθε		πέπεισθι
Inf.	πείθειν	πείσειν	πεῖσαι	πιθεῖν	πεπεικέναι	πεποιθέναι
Part.	πείθων	πείσων	πείσας	πιθών	πεπεικώς	πεποιθώς

Imperfect.		1 Pluperfect.	2 Pluperfect
ἔπειθον		ἐπεπείκειν	ἐπεποίθειν

MIDDLE AND PASSIVE VOICES.

	Present.	Future Mid.	2 Aor. Mid.	Aorist Pass.	Future Pass.
Ind.	πείθομαι	πείσομαι	ἐπιθόμην	ἐπείσθην	πεισθήσομαι
Subj.	πείθωμαι		πίθωμαι	πεισθῶ	
Opt.	πειθοίμην	πεισοίμην	πιθοίμην	πεισθείην	πεισθησοίμην
Imp.	πείθου		πιθοῦ	πείσθητι	
Inf.	πείθεσθαι	πείσεσθαι	πιθέσθαι	πεισθῆναι	πεισθήσεσθαι
Part.	πειθόμενος	πεισόμενος	πιθόμενος	πεισθείς	πεισθησόμενος

Imperfect.
ἐπειθόμην

		PERFECT.		PLUPERFECT.
		Ind.	Imp.	Inf.	
S.	1	πέπεισμαι		πεπεῖσθαι	ἐπεπείσμην
	2	πέπεισαι	πέπεισο		ἐπέπεισο
	3	πέπεισται	πεπείσθω	Part.	ἐπέπειστο
P.	1	πεπείσμεθα		πεπεισμένος	ἐπεπείσμεθα
	2	πέπεισθε	πέπεισθε		ἐπέπεισθε
	3	πεπεισμένοι	πεπείσθωσαν,		πεπεισμένοι
		[εἰσί	πεπείσθων		[ἦσαν
D.	2	πέπεισθον	πέπεισθον		ἐπέπεισθον
	3		πεπείσθων		ἐπεπείσθην

¶ 40. 2. Κομίζω, *to bring.*

(Middle, *to receive.*)

ACTIVE VOICE.

	Present.	Future.	Aorist.	Perfect.
Ind.	κομίζω	κομίσω	ἐκόμισα	κεκόμικα
Subj.	κομίζω		κομίσω	
Opt.	κομίζοιμι	κομίσοιμι	κομίσαιμι	
Imp.	κόμιζε		κόμισον	
Inf.	κομίζειν	κομίσειν	κομίσαι	κεκομικέναι
Part.	κομίζων	κομίσων	κομίσας	κεκομικώς

	Imperfect.			Pluperfect.
	ἐκόμιζον			ἐκεκομίκειν

MIDDLE AND PASSIVE VOICES.

	Present.	Future Mid.	Aorist Mid.	Aorist Pass.
Ind.	κομίζομαι	κομίσομαι	ἐκομισάμην	ἐκομίσθην
Subj.	κομίζωμαι		κομίσωμαι	κομισθῶ
Opt.	κομιζοίμην	κομισοίμην	κομισαίμην	κομισθείην
Imp.	κομίζου		κόμισαι	κομίσθητι
Inf.	κομίζεσθαι	κομίσεσθαι	κομίσασθαι	κομισθῆναι
Part.	κομιζόμενος	κομισόμενος	κομισάμενος	κομισθείς

	Imperfect.	Perfect.	Pluperfect.	Future Pass.
Ind	ἐκομιζόμην	κεκόμισμαι	ἐκεκομίσμην	κομισθήσομαι
Opt.				κομισθησοίμην
Imp.		κεκόμισο		
Inf.		κεκομίσθαι		κομισθήσεσθαι
Part.		κεκομισμένος		κομισθησόμενος

ATTIC FUTURE.

	ACTIVE.		MIDDLE.	
	Ind.	Inf.	Ind.	Inf.
S. 1	κομιῶ	κομιεῖν	κομιοῦμαι	κομιεῖσθαι
2	κομιεῖς		κομιεῖ	
3	κομιεῖ	Part.	κομιεῖται	Part.
P. 1	κομιοῦμεν	κομιῶν	κομιούμεθα	κομιούμενος
2	κομιεῖτε	κομιοῦσα	κομιεῖσθε	
3	κομιοῦσι	κομιοῦν	κομιοῦνται	
D. 2	κομιεῖτον	κομιοῦντος	κομιεῖσθον	

¶ 41. XII. (B.) Liquid Verbs.

1. Ἀγγέλλω, to announce.

Active Voice.

	Present.	Imperfect.	2 Aorist.	Perfect.	Pluperfect.
Ind.	ἀγγέλλω	ἤγγελλον	ἤγγελον	ἤγγελκα	ἠγγέλκειν
Subj.	ἀγγέλλω		ἀγγέλω		
Opt.	ἀγγέλλοιμι		ἀγγέλοιμι		
Imp.	ἄγγελλε		ἄγγελε		
Inf.	ἀγγέλλειν		ἀγγελεῖν	ἠγγελκέναι	
Part.	ἀγγέλλων		ἀγγελών	ἠγγελκώς	

Future.

	Ind.	Opt.	Inf.	Part.
S. 1	ἀγγελῶ	ἀγγελοῖμι, ἀγγελοίην	ἀγγελεῖν	ἀγγελῶν
2	ἀγγελεῖς	ἀγγελοῖς, ἀγγελοίης		ἀγγελοῦσα
3	ἀγγελεῖ	ἀγγελοῖ, ἀγγελοίη		ἀγγελοῦν
P. 1	ἀγγελοῦμεν	ἀγγελοῖμεν, ἀγγελοίημεν		ἀγγελοῦντος
2	ἀγγελεῖτε	ἀγγελοῖτε, ἀγγελοίητε		ἀγγελούσης
3	ἀγγελοῦσι	ἀγγελοῖεν		
D. 2	ἀγγελεῖτον	ἀγγελοῖτον, ἀγγελοίητον		
3		ἀγγελοίτην, ἀγγελοιήτην		

Aorist I.

	Ind.	Subj.	Opt.	Imp.
S. 1	ἤγγειλα	ἀγγείλω	ἀγγείλαιμι	
2	ἤγγειλας	ἀγγείλῃς	ἀγγείλαις, ἀγγείλειας	ἄγγειλον
3	ἤγγειλε	ἀγγείλῃ	ἀγγείλαι, ἀγγείλειε	ἀγγειλάτω
P. 1	ἠγγείλαμεν	ἀγγείλωμεν	ἀγγείλαιμεν	
2	ἠγγείλατε	ἀγγείλητε	ἀγγείλαιτε	ἀγγείλατε
3	ἤγγειλαν	ἀγγείλωσι	ἀγγείλαιεν, ἀγγείλειαν	ἀγγειλάτωσαν, ἀγγειλάντων
D. 2	ἠγγείλατον	ἀγγείλητον	ἀγγείλαιτον	ἀγγείλατον
3	ἠγγειλάτην		ἀγγειλαίτην	ἀγγειλάτων

Inf. ἀγγεῖλαι.   Part. ἀγγείλας,-ᾱσα,-αν · G.-αντος,-άσης.

Middle and Passive Voices.

	Present.	2 Aor. Mid.	1 Aor. Pass.	2 Aor. Pass.
Ind.	ἀγγέλλομαι	ἠγγελόμην	ἠγγέλθην	ἠγγέλην
Subj.	ἀγγέλλωμαι	ἀγγέλωμαι	ἀγγελθῶ	ἀγγελῶ
Opt.	ἀγγελλοίμην	ἀγγελοίμην	ἀγγελθείην	ἀγγελείην
Imp.	ἀγγέλλου	ἀγγελοῦ	ἀγγέλθητι	ἀγγέληθι
Inf.	ἀγγέλλεσθαι	ἀγγελέσθαι	ἀγγελθῆναι	ἀγγελῆναι
Part.	ἀγγελλόμενος	ἀγγελόμενος	ἀγγελθείς	ἀγγελείς

	Imperfect.	1 Future.	2 Future.
Ind.	ἠγγελλόμην	ἀγγελθήσομαι	ἀγγελήσομαι
Opt.		ἀγγελθησοίμην	ἀγγελησοίμην
Inf.		ἀγγελθήσεσθαι	ἀγγελήσεσθαι
Part.		ἀγγελθησόμενος	ἀγγελησόμενος

FUTURE MIDDLE.

	Ind.	Opt.	Inf.	Part.
S. 1	ἀγγελοῦμαι	ἀγγελοίμην	ἀγγελεῖσθαι	ἀγγελούμενος
2	ἀγγελῇ, ἀγγελεῖ	ἀγγελοῖο		ἀγγελουμένη
3	ἀγγελεῖται	ἀγγελοῖτο		ἀγγελούμενον
P. 1	ἀγγελούμεθα	ἀγγελοίμεθα		ἀγγελουμένου
2	ἀγγελεῖσθε	ἀγγελοῖσθε		ἀγγελουμένης
3	ἀγγελοῦνται	ἀγγελοῖντο		
D. 2	ἀγγελεῖσθον	ἀγγελοῖσθον		
3		ἀγγελοίσθην		

AORIST I. MIDDLE.

	Ind.	Subj.	Opt.	Imp.
S. 1	ἠγγειλάμην	ἀγγείλωμαι	ἀγγειλαίμην	
2	ἠγγείλω	ἀγγείλῃ	ἀγγείλαιο	ἄγγειλαι
3	ἠγγείλατο	ἀγγείληται	ἀγγείλαιτο	ἀγγειλάσθω
P. 1	ἠγγειλάμεθα	ἀγγειλώμεθα	ἀγγειλαίμεθα	
2	ἠγγείλασθε	ἀγγείλησθε	ἀγγείλαισθε	ἀγγείλασθε
3	ἠγγείλαντο	ἀγγείλωνται	ἀγγείλαιντο	ἀγγειλάσθωσαν,
				ἀγγειλάσθων
D. 2	ἠγγείλασθον	ἀγγείλησθον	ἀγγείλαισθον	ἀγγείλασθον
3	ἠγγειλάσθην		ἀγγειλαίσθην	ἀγγειλάσθων

Inf. ἀγγείλασθαι.   Part. ἀγγειλάμενος.

PERFECT.   PLUPERFECT.

	Ind.	Imp.	Inf.	
S. 1	ἤγγελμαι		ἠγγέλθαι	ἠγγέλμην
2	ἤγγελσαι	ἤγγελσο		ἤγγελσο
3	ἤγγελται	ἠγγέλθω	Part.	ἤγγελτο
P. 1	ἠγγέλμεθα		ἠγγελμένος	ἠγγέλμεθα
2	ἤγγελθε	ἤγγελθε		ἤγγελθε
3	ἠγγελμένοι εἰσί	ἠγγέλθωσαν,		ἠγγελμένοι ἦσαν
		ἠγγέλθων		
D. 2	ἤγγελθον	ἤγγελθον		ἤγγελθον
3		ἠγγέλθων		ἠγγέλθην

5 *

¶ 42. LIQUID. 2. Φαίνω, to show.

(2 Perf. and Middle, to appear.)

ACTIVE VOICE.

	Present.	Future.	Aorist.	1 Perfect.	2 Perfect.
Ind.	φαίνω	φανῶ	ἔφηνα	πέφαγκα	πέφηνα
Subj.	φαίνω		φήνω		
Opt.	φαίνοιμι	φανοῖμι, φανοίην	φήναιμι		
Imp.	φαῖνε		φῆνον		
Inf.	φαίνειν	φανεῖν	φῆναι		πεφηνέναι
Part.	φαίνων	φανῶν	φήνας		πεφηνώς

	Imperfect.				2 Pluperfect.
	ἔφαινον				ἐπεφήνειν

MIDDLE AND PASSIVE VOICES.

	Present.	Imperfect.	Future Mid.	Aorist Mid.
Ind.	φαίνομαι	ἐφαινόμην	φανοῦμαι	ἐφηνάμην
Subj.	φαίνωμαι			φήνωμαι
Opt.	φαινοίμην		φανοίμην	φηναίμην
Imp.	φαίνου			φῆναι
Inf.	φαίνεσθαι		φανεῖσθαι	φήνασθαι
Part.	φαινόμενος		φανούμενος	φηνάμενος

	1 Aor. Pass.	2 Aor. Pass.	1 Fut. Pass.	2 Fut. Pass.
Ind.	ἐφάνθην	ἐφάνην	φανθήσομαι	φανήσομαι
Subj.	φανθῶ	φανῶ		
Opt.	φανθείην	φανείην	φανθησοίμην	φανησοίμην
Imp.	φάνθητι	φάνηθι		
Inf.	φανθῆναι	φανῆναι	φανθήσεσθαι	φανήσεσθαι
Part.	φανθείς	φανείς	φανθησόμενος	φανησόμενος

	PERFECT.			PLUPERFECT.
	Ind.	Imp.	Inf.	
S. 1	πέφασμαι		πεφάνθαι	ἐπεφάσμην
2	πέφανσαι	πέφανσο		ἐπέφανσο
3	πέφανται	πεφάνθω	Part.	ἐπέφαντο
P. 1	πεφάσμεθα		πεφασμένος	ἐπεφάσμεθα
2	πέφανθε	πέφανθε.		ἐπέφανθε
3	πεφασμένοι εἰσί	πεφάνθωσαν,		πεφασμένοι ἦσαν
		πεφάνθων		
D. 2	πέφανθον	πέφανθον		ἐπέφανθον
3		πεφάνθων		ἐπεφάνθην

¶ 43.   XIII.   (C.)   Double Consonant Verbs.

1. Αὔξω or αὐξάνω, to increase.

Active Voice.

	Present.		Future.	Aorist.	Perfect.
Ind.	αὔξω,	αὐξάνω	αὐξήσω	ηὔξησα	ηὔξηκα
Subj.	αὔξω,	αὐξάνω		αὐξήσω	
Opt.	αὔξοιμι,	αὐξάνοιμι	αὐξήσοιμι	αὐξήσαιμι	
Imp.	αὖξε,	αὔξανε		αὔξησον	
Inf.	αὔξειν,	αὐξάνειν	αὐξήσειν	αὐξῆσαι	ηὐξηκέναι
Part.	αὔξων,	αὐξάνων	αὐξήσων	αὐξήσας	ηὐξηκώς

Imperfect.	Pluperfect
ηὖξον, ηὔξανον	ηὐξήκειν

Middle and Passive Voices.

	Present.		Future Mid.	Aorist Mid.
Ind.	αὔξομαι,	αὐξάνομαι	αὐξήσουαι	ηὐξησάμην
Subj.	αὔξωμαι,	αὐξάνωμαι		αὐξήσωμαι
Opt.	αὐξοίμην,	αὐξανοίμην	αὐξησοίμην	αὐξησαίμην
Imp.	αὔξου,	αὐξάνου		αὔξησαι
Inf.	αὔξεσθαι,	αὐξάνεσθαι	αὐξήσεσθαι	αὐξήσασθαι
Part.	αὐξόμενος,	αὐξανόμενος	αὐξησόμενος	αὐξησάμενος

Imperfect.
ηὐξόμην, ηὐξανόμην

	Perfect.	Pluperfect.	Aorist Pass.	Future Pass.
Ind.	ηὔξημαι	ηὐξήμην	ηὐξήθην	αὐξηθήσομαι
Subj.			αὐξηθῶ	
Opt.			αὐξηθείην	αὐξηθησοίμην
Imp.	ηὔξησο		αὐξήθητι	
Inf.	ηὐξῆσθαι		αὐξηθῆναι	αὐξηθήσεσθαι
Part.	ηὐξημένος		αὐξηθείς	αὐξηθησόμενος

¶ 44.   2. Perfect Passive of κάμπτω, to bend, and ἐλέγχω, to convict.

	Indicative.		Imperative.	
S. 1	κέκαμμαι	ἐλήλεγμαι		
2	κέκαμψαι	ἐλήλεγξαι	κέκαμψο	ἐλήλεγξο
3	κέκαμπται	ἐλήλεγκται	κεκάμφθω, &c.	ἐληλέγχθω, &c.
P. 1	κεκάμμεθα	ἐληλέγμεθα		
2	κέκαμφθε	ἐλήλεγχθε	Infinitive.	
3	κεκαμμένοι	ἐληλεγμένοι	κεκάμφθαι	ἐληλέγχθαι
	[εἰσί	[εἰσί		
			Participle.	
D. 2	κέκαμφθον	ἐλήλεγχθον	κεκαμμένος	ἐληλεγμένος

¶ 45. XIV. (D.) PURE VERBS. i. CONTRACT

1. Τῑμάω, *to honor.*

ACTIVE VOICE.

PRESENT IND.		PRESENT SUBJ.	
S. 1 τῑμάω,	τιμῶ	τιμάω,	τιμῶ
2 τιμάεις,	τιμᾷς	τιμάῃς,	τιμᾷς
3 τιμάει,	τιμᾷ	τιμάῃ,	τιμᾷ
P. 1 τιμάομεν,	τιμῶμεν	τιμάωμεν,	τιμῶμεν
2 τιμάετε,	τιμᾶτε	τιμάητε,	τιμᾶτε
3 τιμάουσι,	τιμῶσι	τιμάωσι,	τιμῶσι
D. 2 τιμάετον,	τιμᾶτον	τιμάητον,	τιμᾶτον

IMPERFECT.		PRESENT OPT.		
S. 1 ἐτίμαον,	ἐτίμων	τιμάοιμι,	τιμῷμι,	τιμῴην
2 ἐτίμαες,	ἐτίμας	τιμάοις,	τιμῷς,	τιμῴης
3 ἐτίμαε,	ἐτίμα	τιμάοι,	τιμῷ,	τιμῴη
P. 1 ἐτιμάομεν,	ἐτιμῶμεν	τιμάοιμεν,	τιμῷμεν,	τιμῴημεν
2 ἐτιμάετε,	ἐτιμᾶτε	τιμάοιτε,	τιμῷτε,	τιμῴητε
3 ἐτίμαον,	ἐτίμων	τιμάοιεν,	τιμῷεν	
D. 2 ἐτιμάετον,	ἐτιμᾶτον	τιμάοιτον,	τιμῷτον,	τιμῴητον
3 ἐτιμαέτην,	ἐτιμάτην	τιμαοίτην,	τιμῴτην,	τιμῳήτην

PRESENT IMP.		PRESENT INF.	
S. 2 τίμαε,	τίμα	τιμάειν,	τιμᾶν
3 τιμαέτω,	τιμάτω	PRESENT PART.	
P. 2 τιμάετε,	τιμᾶτε	τιμάων,	τιμῶν
3 τιμαέτωσαν,	τιμάτωσαν,	τιμάουσα,	τιμῶσα
τιμαόντων,	τιμώντων	τιμάον,	τιμῶν
D. 2 τιμάετον,	τιμᾶτον	G. τιμάοντος,	τιμῶντος
3 τιμαέτων,	τιμάτων	τιμαούσης,	τιμώσης

	Future.	Aorist.	Perfect.	Pluperfect.
Ind.	τιμήσω	ἐτίμησα	τετίμηκα	ἐτετιμήκειν
Subj.		τιμήσω		
Opt.	τιμήσοιμι	τιμήσαιμι		
Imp.		τίμησον		
Inf.	τιμήσειν	τιμῆσαι	τετιμηκέναι	
Part	τιμήσων	τιμήσας	τετιμηκώς	

MIDDLE AND PASSIVE VOICES.

PRESENT IND.		PRESENT SUBJ.	
S. 1 τῑμάομαι,	τιμῶμαι	τιμάωμαι,	τιμῶμαι
2 τιμάῃ,	τιμᾷ	τιμάῃ,	τιμᾷ
3 τιμάεται,	τιμᾶται	τιμάηται,	τιμᾶται
P. 1 τιμαόμεϑα,	τιμώμεϑα	τιμαώμεϑα,	τιμώμεϑα
2 τιμάεσϑε,	τιμᾶσϑε	τιμάησϑε,	τιμᾶσϑε
3 τιμάονται,	τιμῶνται	τιμάωνται,	τιμῶνται
D. 2 τιμάεσϑον,	τιμᾶσϑον	τιμάησϑον,	τιμᾶσϑον

IMPERFECT.		PRESENT OPT.	
S. 1 ἐτιμαόμην,	ἐτιμώμην	τιμαοίμην,	τιμώμην
2 ἐτιμάου,	ἐτῑμῶ	τιμάοιο,	τιμῷο
3 ἐτιμάετο,	ἐτιμᾶτο	τιμάοιτο,	τιμῷτο
P. 1 ἐτιμαόμεϑα,	ἐτιμώμεϑα	τιμαοίμεϑα,	τιμώμεϑα
2 ἐτιμάεσϑε,	ἐτιμᾶσϑε	τιμάοισϑε,	τιμῷσϑε
3 ἐτιμάοντο,	ἐτιμῶντο	τιμάοιντο,	τιμῷντο
D. 2 ἐτιμάεσϑον,	ἐτιμᾶσϑον	τιμάοισϑον,	τιμῷσϑον
3 ἐτιμαέσϑην,	ἐτιμάσϑην	τιμαοίσϑην,	τιμῷσϑην

PRESENT IMP.		PRESENT INF.	
S. 2 τιμάου,	τιμῶ	τιμάεσϑαι,	τιμᾶσϑαι
3 τιμαέσϑω,	τιμάσϑω		
P. 2 τιμάεσϑε,	τιμᾶσϑε		
3 τιμαέσϑωσαν,	τιμάσϑωσαν,	PRESENT PART.	
τιμαέσϑων,	τιμάσϑων	τιμαόμενος,	τιμώμενος
D. 2 τιμάεσϑον,	τιμᾶσϑον	τιμαομένη,	τιμωμένη
3 τιμαέσϑων,	τιμάσϑων	τιμαόμενον,	τιμώμενον

	Future Mid.	Aorist Mid.	Perfect.	Aorist Pass.
Ind.	τιμήσομαι	ἐτιμησάμην	τετίμημαι	ἐτιμήϑην
Subj.		τιμήσωμαι		τιμηϑῶ
Opt.	τιμησοίμην	τιμησαίμην		τιμηϑείην
Imp.		τίμησαι	τετίμησο	τιμήϑητι
Inf.	τιμήσεσϑαι	τιμήσασϑαι	τετιμῆσϑαι	τιμηϑῆναι
Part.	τιμησόμενος	τιμησάμενος	τετιμημένος	τιμηϑείς

	3 Future.		Pluperfect.	Future Pass
Ind.	τετιμήσομαι		ἐτετιμήμην	τιμηϑήσομαι
Opt.	τετιμησοίμην			τιμηϑησοίμην
Inf.	τετιμήσεσϑαι			τιμηϑήσεσϑαι
Part.	τετιμησόμενος			τιμηϑησόμενος

¶ 46. CONTRACT. 2. Φιλέω, *to love.*

ACTIVE VOICE.

PRESENT IND.		PRESENT SUBJ.	
S. 1 φιλέω,	φιλῶ	φιλέω,	φιλῶ
2 φιλέεις,	φιλεῖς	φιλέῃς,	φιλῇς
3 φιλέει,	φιλεῖ	φιλέῃ,	φιλῇ
P. 1 φιλέομεν,	φιλοῦμεν	φιλέωμεν,	φιλῶμεν
2 φιλέετε,	φιλεῖτε	φιλέητε,	φιλῆτε
3 φιλέουσι,	φιλοῦσι	φιλέωσι,	φιλῶσι
D. 2 φιλέετον,	φιλεῖτον	φιλέητον,	φιλῆτον

IMPERFECT.		PRESENT OPT.		
S. 1 ἐφίλεον,	ἐφίλουν	φιλέοιμι,	φιλοῖμι,	φιλοίην
2 ἐφίλεες,	ἐφίλεις	φιλέοις,	φιλοῖς,	φιλοίης
3 ἐφίλεε,	ἐφίλει	φιλέοι,	φιλοῖ,	φιλοίη
P. 1 ἐφιλέομεν,	ἐφιλοῦμεν	φιλέοιμεν,	φιλοῖμεν,	φιλοίημεν
2 ἐφιλέετε,	ἐφιλεῖτε	φιλέοιτε,	φιλοῖτε,	φιλοίητε
3 ἐφίλεον,	ἐφίλουν	φιλέοιεν,	φιλοῖεν	
D. 2 ἐφιλέετον,	ἐφιλεῖτον	φιλέοιτον,	φιλοῖτον,	φιλοίητον
3 ἐφιλεέτην,	ἐφιλείτην	φιλεοίτην,	φιλοίτην,	φιλοιήτην

PRESENT IMP.		PRESENT INF.	
S. 2 φίλεε,	φίλει	φιλέειν,	φιλεῖν
3 φιλεέτω,	φιλείτω	PRESENT PART.	
P. 2 φιλέετε,	φιλεῖτε	φιλέων,	φιλῶν
3 φιλεέτωσαν,	φιλείτωσαν,	φιλέουσα,	φιλοῦσα
φιλεόντων,	φιλούντων	φιλέον,	φιλοῦν
D. 2 φιλέετον,	φιλεῖτον	G. φιλέοντος,	φιλοῦντος
3 φιλεέτων,	φιλείτων	φιλεούσης,	φιλούσης

	Future.	Aorist.	Perfect.	Pluperfect.
Ind.	φιλήσω	ἐφίλησα	πεφίληκα	ἐπεφιλήκειν
Subj.		φιλήσω		
Opt.	φιλήσοιμι	φιλήσαιμι		
Imp.		φίλησον		
Inf.	φιλήσειν	φιλῆσαι	πεφιληκέναι	
Part.	φιλήσων	φιλήσας	πεφιληκώς	

MIDDLE AND PASSIVE VOICES

	PRESENT IND.		PRESENT SUBJ.	
S. 1	φιλέομαι,	φιλοῦμαι	φιλέωμαι,	φιλῶμαι
2	φιλέῃ, φιλέει,	φιλῇ, φιλεῖ	φιλέῃ,	φιλῇ
3	φιλέεται,	φιλεῖται	φιλέηται,	φιλῆται
P. 1	φιλεόμεθα,	φιλούμεθα	φιλεώμεθα,	φιλώμεθα
2	φιλέεσθε,	φιλεῖσθε	φιλέησθε,	φιλῆσθε
3	φιλέονται,	φιλοῦνται	φιλέωνται,	φιλῶνται
D. 2	φιλέεσθον,	φιλεῖσθον	φιλέησθον,	φιλῆσθον

	IMPERFECT.		PRESENT OPT.	
S. 1	ἐφιλεόμην,	ἐφιλούμην	φιλεοίμην,	φιλοίμην
2	ἐφιλέου,	ἐφιλοῦ	φιλέοιο,	φιλοῖο
3	ἐφιλέετο,	ἐφιλεῖτο	φιλέοιτο,	φιλοῖτο
P. 1	ἐφιλεόμεθα,	ἐφιλούμεθα	φιλεοίμεθα,	φιλοίμεθα
2	ἐφιλέεσθε,	ἐφιλεῖσθε	φιλέοισθε,	φιλοῖσθε
3	ἐφιλέοντο,	ἐφιλοῦντο	φιλέοιντο,	φιλοῖντο
D. 2	ἐφιλέεσθον,	ἐφιλεῖσθον	φιλέοισθον,	φιλοῖσθον
3	ἐφιλεέσθην,	ἐφιλείσθην	φιλεοίσθην,	φιλοίσθην

	PRESENT IMP.		PRESENT INF.	
S. 2	φιλέου,	φιλοῦ	φιλέεσθαι,	φιλεῖσθαι
3	φιλεέσθω,	φιλείσθω		
P. 2	φιλέεσθε,	φιλεῖσθε		
3	φιλεέσθωσαν,	φιλείσθωσαν,		PRESENT PART.
	φιλεέσθων,	φιλείσθων	φιλεόμενος,	φιλούμενος
D. 2	φιλέεσθον,	φιλεῖσθον	φιλεομένη,	φιλουμένη
3	φιλεέσθων,	φιλείσθων	φιλεόμενον,	φιλούμενον

	Future Mid.	Aorist Mid.	Perfect.	Aorist Pass.
Ind.	φιλήσομαι	ἐφιλησάμην	πεφίλημαι	ἐφιλήθην
Subj.		φιλήσωμαι		φιληθῶ
Opt.	φιλησοίμην	φιλησαίμην		φιληθείην
Imp.		φίλησαι	πεφίλησο	φιλήθητι
Inf.	φιλήσεσθαι	φιλήσασθαι	πεφιλῆσθαι	φιληθῆναι
Part.	φιλησόμενος	φιλησάμενος	πεφιλημένος	φιληθείς

	3 Future.		Pluperfect.	Future Pass.
Ind.	πεφιλήσομαι		ἐπεφιλήμην	φιληθήσομαι
Opt.	πεφιλησοίμην			φιληθησοίμην
Inf.	πεφιλήσεσθαι			φιληθήσεσθαι
Part.	πεφιλησόμενος			φιληθησόμενος

¶ 47. CONTRACT. 3. Δηλόω, to manifest.

ACTIVE VOICE.

	PRESENT IND.		PRESENT SUBJ.	
S. 1	δηλόω,	δηλῶ	δηλόω,	δηλῶ
2	δηλόεις,	δηλοῖς	δηλόῃς,	δηλοῖς
3	δηλόει,	δηλοῖ	δηλόῃ,	δηλοῖ
P. 1	δηλόομεν,	δηλοῦμεν	δηλόωμεν,	δηλῶμεν
2	δηλόετε,	δηλοῦτε	δηλόητε,	δηλῶτε
3	δηλόουσι,	δηλοῦσι	δηλόωσι,	δηλῶσι
D. 2	δηλόετον,	δηλοῦτον	δηλόητον,	δηλῶτον

	IMPERFECT.		PRESENT OPT.		
S. 1	ἐδήλοον,	ἐδήλουν	δηλόοιμι,	δηλοῖμι,	δηλοίην
2	ἐδήλοες,	ἐδήλους	δηλόοις,	δηλοῖς,	δηλοίης
3	ἐδήλοε,	ἐδήλου	δηλόοι,	δηλοῖ,	δηλοίη
P. 1	ἐδηλόομεν,	ἐδηλοῦμεν	δηλόοιμεν,	δηλοῖμεν,	δηλοίημεν
2	ἐδηλόετε,	ἐδηλοῦτε	δηλόοιτε,	δηλοῖτε,	δηλοίητε
3	ἐδήλοον,	ἐδήλουν	δηλόοιεν,	δηλοῖεν	
D. 2	ἐδηλόετον,	ἐδηλοῦτον	δηλόοιτον,	δηλοῖτον,	δηλοίητον
3	ἐδηλοέτην,	ἐδηλούτην	δηλοοίτην,	δηλοίτην,	δηλοιήτην

	PRESENT IMP.		PRESENT INF.	
S. 2	δήλοε,	δήλου	δηλόειν,	δηλοῦν
3	δηλοέτω,	δηλούτω	PRESENT PART.	
P. 2	δηλόετε,	δηλοῦτε	δηλόων,	δηλῶν
3	δηλοέτωσαν,	δηλούτωσαν,	δηλόουσα,	δηλοῦσα
	δηλοόντων,	δηλούντων	δηλόον,	δηλοῦν
D. 2	δηλόετον,	δηλοῦτον	G. δηλόοντος,	δηλοῦντος
3	δηλοέτων,	δηλούτων	δηλοούσης,	δηλούσης

	Future.	Aorist.	Perfect.	Pluperfect.
Ind.	δηλώσω	ἐδήλωσα	δεδήλωκα	ἐδεδηλώκειν
Subj.		δηλώσω		
Opt.	δηλώσοιμι	δηλώσαιμι		
Imp.		δήλωσον		
Inf.	δηλώσειν	δηλῶσαι	δεδηλωκέναι	
Part.	δηλώσων	δηλώσας	δεδηλωκώς	

MIDDLE AND PASSIVE VOICES.

	PRESENT IND.		PRESENT SUBJ.	
S. 1	δηλόομαι,	δηλοῦμαι	δηλόωμαι,	δηλῶμαι
2	δηλόῃ,	δηλοῖ	δηλόῃ,	δηλοῖ
3	δηλόεται,	δηλοῦται	δηλόηται,	δηλῶται
P. 1	δηλοόμεθα,	δηλούμεθα	δηλοώμεθα,	δηλώμεθα
2	δηλόεσθε,	δηλοῦσθε	δηλόησθε,	δηλῶσθε
3	δηλόονται,	δηλοῦνται	δηλόωνται,	δηλῶνται
D. 2	δηλόεσθον,	δηλοῦσθον	δηλόησθον,	δηλῶσθον

	IMPERFECT.		PRESENT OPT.	
S. 1	ἐδηλοόμην,	ἐδηλούμην	δηλοοίμην,	δηλοίμην
2	ἐδηλόου,	ἐδηλοῦ	δηλόοιο,	δηλοῖο
3	ἐδηλόετο,	ἐδηλοῦτο	δηλόοιτο,	δηλοῖτο
P. 1	ἐδηλοόμεθα,	ἐδηλούμεθα	δηλοοίμεθα,	δηλοίμεθα
2	ἐδηλόεσθε,	ἐδηλοῦσθε	δηλόοισθε,	δηλοῖσθε
3	ἐδηλόοντο,	ἐδηλοῦντο	δηλόοιντο,	δηλοῖντο
D. 2	ἐδηλόεσθον,	ἐδηλοῦσθον	δηλόοισθον,	δηλοῖσθον
3	ἐδηλοέσθην,	ἐδηλούσθην	δηλοοίσθην,	δηλοίσθην

	PRESENT IMP.		PRESENT INF.	
S. 2	δηλόου,	δηλοῦ	δηλόεσθαι,	δηλοῦσθαι
3	δηλοέσθω,	δηλούσθω		
P. 2	δηλόεσθε,	δηλοῦσθε		
3	δηλοέσθωσαν,	δηλούσθωσαν,	PRESENT PART.	
	δηλοέσθων,	δηλούσθων	δηλοόμενος,	δηλούμενος
D. 2	δηλόεσθον,	δηλοῦσθον	δηλοομένη,	δηλουμένη
3	δηλοέσθων,	δηλούσθων	δηλοόμενον,	δηλούμενον

	Future Mid.	Aorist Mid.	Perfect.	Aorist Pass.
Ind.	δηλώσομαι	ἐδηλωσάμην	δεδήλωμαι	ἐδηλώθην
Subj.		δηλώσωμαι		δηλωθῶ
Opt.	δηλωσοίμην	δηλωσαίμην		δηλωθείην
Imp.		δήλωσαι	δεδήλωσο	δηλώθητι
Inf.	δηλώσεσθαι	δηλώσασθαι	δεδηλῶσθαι	δηλωθῆναι
Part.	δηλωσόμενος	δηλωσάμενος	δεδηλωμένος	δηλωθείς

	3 Future.		Pluperfect.	Future Pass.
Ind.	δεδηλώσομαι		ἐδεδηλώμην	δηλωθήσομαι
Opt.	δεδηλωσοίμην			δηλωθησοιμην
Inf.	δεδηλώσεσθαι			δηλωθήσεσθαι
Part.	δεδηλωσόμενος			δηλωθησόμενος

¶ 48. PURE VERBS. ii. VERBS IN -μι.

1. Ἵστημι, to place, to station.

(2 Aor., Perf., Plup., and 3 Fut., to stand.)

ACTIVE VOICE.

PRESENT.

	Ind.	Subj.	Opt.		Imp.
S. 1	ἵστημι	ἱστῶ	ἱσταίην		
2	ἵστης	ἱστῇς	ἱσταίης		ἵστη
3	ἵστησι	ἱστῇ	ἱσταίη		ἱστάτω
P. 1	ἵσταμεν	ἱστῶμεν	ἱσταίημεν,	ἱσταῖμεν	
2	ἵστατε	ἱστῆτε	ἱσταίητε,	ἱσταῖτε	ἵστατε
3	ἱστᾶσι	ἱστῶσι	ἱσταίησαν,	ἱσταῖεν	ἱστάτωσαν,
					ἱστάντων
D. 2	ἵστατον	ἱστῆτον	ἱσταίητον,	ἱσταῖτον	ἵστατον
3			ἱσταιήτην,	ἱσταίτην	ἱστάτων

Inf. ἱστάναι. Part. ἱστάς,-ᾶσα,-άν· G.-άντος,-άσης.

IMPERFECT.

S. 1	ἵστην	P.	ἵσταμεν	D.	
2	ἵστης		ἵστατε		ἵστατον
3	ἵστη		ἵστασαν		ἱστάτην

AORIST II.

	Ind.	Subj.	Opt.		Imp.	Inf.
S 1	ἔστην	στῶ	σταίην			στῆναι
2	ἔστης	στῇς	σταίης		στῆθι (στᾶ)	
3	ἔστη	στῇ	σταίη		στήτω	Part.
P. 1	ἔστημεν	στῶμεν	σταίημεν,	σταῖμεν		στάς
2	ἔστητε	στῆτε	σταίητε,	σταῖτε	στῆτε	
3	ἔστησαν	στῶσι	σταίησαν,	σταῖεν	στήτωσαν, στάντων	
D. 2	ἔστητον	στῆτον	σταίητον,	σταῖτον	στῆτον	
3	ἐστήτην		σταιήτην,	σταίτην	στήτων	

	Future.	1 Aorist.	Perfect.	Pluperfect.	3 Future.
Ind.	στήσω	ἔστησα	ἔστηκα	ἑστήκειν, εἱστήκειν	ἑστήξω
Subj.		στήσω	ἑστήκω		
Opt.	στήσοιμι	στήσαιμι			ἑστήξοιμι
Imp.		στῆσον			
Inf.	στήσειν	στῆσαι	**		ἑστήξειν
Part.	στήσων	στήσας	ἑστηκώς		ἑστήξων

PERFECT II.　　　　　　　　PLUPERF. II.

	Ind.	Subj.	Opt.	Imp.	Inf.	
S.	1	*	ἑστῶ	ἑσταίην		ἑσταναι	*
	2	*	*	ἑσταίης	ἕσταϑι		*
	3	*	*	ἑσταίη	ἑστάτω	Part.	*
P.	1	ἕσταμεν	ἑστῶμεν	&c.		ἑστώς	ἕσταμεν
	2	ἕστατε	*		ἕστατε	ἑστῶσα	ἕστατε
	3	ἑστᾶσι	ἑστῶσι		&c.	ἑστώς, ἑστός	ἕστασαν
D.	2	ἕστατον	*			ἑστῶτος	ἕστατον
	3					ἑστώσης	ἑστάτην

MIDDLE AND PASSIVE VOICES.

PRESENT.

	Ind.	Subj.	Opt.	Imp.	Inf.	
S.	1	ἵσταμαι	ἱστῶμαι	ἱσταίμην		ἵστασϑαι
	2	ἵστασαι	ἱστῇ	ἵσταιο	ἵστασο, ἵστω	
	3	ἵσταται	ἱστῆται	ἵσταιτο	ἱστάσϑω	Part.
P.	1	ἱστάμεϑα	ἱστώμεϑα	ἱσταίμεϑα		ἱστάμενος
	2	ἵστασϑε	ἱστῆσϑε	ἵσταισϑε	ἵστασϑε	
	3	ἵστανται	ἱστῶνται	ἵσταιντο	ἱστάσϑωσαν, ἱστάσϑων	
D.	2	ἵστασϑον	ἱστῆσϑον	ἵσταισϑον	ἵστασϑον	
	3			ἱσταίσϑην	ἱστάσϑων	

IMPERFECT

S.	1	ἱστάμην	P.	ἱστάμεϑα	D.
	2	ἵστασο, ἵστω		ἵστασϑε	ἵστασϑον
	3	ἵστατο		ἵσταντο	ἱστάσϑην

Fut. Mid. στήσομαι. Aor. Mid. ἐστησάμην. Perf. ἕσταμαι.
Pluperf. ἑστάμην. 3 Fut. Mid. ἑστήξομαι. Aor. Pass. ἐστάϑην.
Fut. Pass. σταϑήσομαι.

¶ 49. 2. THE SECOND AORIST πρίασϑαι, to buy.

	Ind.	Subj.	Opt.	Imp.	Inf.	
S.	1	ἐπριάμην	πρίωμαι	πριαίμην		πρίασϑαι
	2	ἐπρίω	πρίῃ	πρίαιο	πρίασο, πρίω	
	3	ἐπρίατο	πρίηται	πρίαιτο	πριάσϑω	Part.
P.	1	ἐπριάμεϑα	πριώμεϑα	πριαίμεϑα		πριάμενος
	2	ἐπρίασϑε	πρίησϑε	πρίαισϑε	πρίασϑε	
	3	ἐπρίαντο	πρίωνται	πρίαιντο	πριάσϑωσαν, πριάσϑων	
D.	2	ἐπρίασϑον	πρίησϑον	πρίαισϑον	πρίασϑον	
	3	ἐπριάσϑην		πριαίσϑην	πριάσϑων	

¶ 50. Verbs in -μι. 3. Τίθημι, to put.

ACTIVE VOICE.

Present.

	Ind.	Subj.	Opt.	Imp.
S. 1	τίθημι	τιθῶ	τιθείην	
2	τίθης	τιθῇς	τιθείης	τίθει
3	τίθησι	τιθῇ	τιθείη	τιθέτω
P. 1	τίθεμεν	τιθῶμεν	τιθείημεν, τιθεῖμεν	
2	τίθετε	τιθῆτε	τιθείητε, τιθεῖτε	τίθετε
3	τιθέᾱσι,	τιθῶσι	τιθείησαν, τιθεῖεν	τιθέτωσαν,
	τιθεῖσι			τιθέντων
D. 2	τίθετον	τιθῆτον	τιθείητον, τιθεῖτον	τίθετον
3			τιθειήτην, τιθείτην	τιθέτων

Inf. τιθέναι.   Part. τιθείς,-εῖσα,-έν · G.-έντος,-είσης.

Imperfect.

S. 1	ἐτίθην,	ἐτίθουν	P. ἐτίθεμεν	D.	
2	ἐτίθης,	ἐτίθεις	ἐτίθετε		ἐτίθετον
3	ἐτίθη,	ἐτίθει	ἐτίθεσαν		ἐτιθέτην

Aorist I.   Aorist II.

	Ind.	Ind.	Subj.	Opt.	Imp.
S. 1	ἔθηκα	*	θῶ	θείην	
2	ἔθηκας	*	θῇς	θείης	θές
3	ἔθηκε	*	θῇ	θείη	θέτω
P. 1	ἐθήκαμεν	ἔθεμεν	θῶμεν	θείημεν, θεῖμεν	
2	ἐθήκατε	ἔθετε	θῆτε	θείητε, θεῖτε	θέτε
3	ἔθηκαν	ἔθεσαν	θῶσι	θείησαν, θεῖεν	θέτωσαν,
					θέντων
D. 2		ἔθετον	θῆτον	θείητον, θεῖτον	θέτον
3		ἐθέτην		θειήτην, θείτην	θέτων

Aor. II. Inf. θεῖναι. Part. θείς, θεῖσα, θέν · G. θέντος, θείσης

	Future.	Perfect.	Pluperfect.
Ind.	θήσω	τέθεικα	ἐτεθείκειν
Opt.	θήσοιμι		
Inf.	θήσειν	τεθεικέναι	
Part.	θήσων	τεθεικώς	

MIDDLE AND PASSIVE VOICES.

PRESENT.

	Ind.	Subj.	Opt.	
S 1	τίθεμαι	τιθῶμαι	τιθείμην,	τιθρίμην
2	τίθεσαι, τίθῃ	τιθῇ	τίθειο,	τίθοιο
3	τίθεται	τιθῆται	τίθειτο,	τίθοιτο
P 1	τιθέμεθα	τιθώμεθα	τιθείμεθα,	τιθοίμεθα
2	τίθεσθε	τιθῆσθε	τίθεισθε,	τίθοισθε
3	τίθενται	τιθῶνται	τίθειντο,	τίθοιντο
D. 2	τίθεσθον	τιθῆσθον	τίθεισθον,	τίθοισθον
3			τιθείσθην,	τιθοίσθην

	Imp.	Inf.	Imperfect.
S. 1		τίθεσθαι	ἐτιθέμην
2	τίθεσο, τίθου		ἐτίθεσο, ἐτίθου
3	τιθέσθω	Part.	ἐτίθετο
P. 1		τιθέμενος	ἐτιθέμεθα
2	τίθεσθε		ἐτίθεσθε
3	τιθέσθωσαν, τιθέσθων		ἐτίθεντο
D. 2	τίθεσθον		ἐτίθεσθον
3	τιθέσθων		ἐτιθέσθην

AORIST II. MIDDLE.

	Ind.	Subj.	Opt.	Imp.	Inf.
S. 1	ἐθέμην	θῶμαι	θείμην (θοίμην)		θέσθαι
2	ἔθου	θῇ	θεῖο	θοῦ	
3	ἔθετο	θῆται	θεῖτο	θέσθω	Part.
P. 1	ἐθέμεθα	θώμεθα	θείμεθα		θέμενος
2	ἔθεσθε	θῆσθε	θεῖσθε	θέσθε	
3	ἔθεντο	θῶνται	θεῖντο	θέσθωσαν, θέσθων	
D. 2	ἔθεσθον	θῆσθον	θεῖσθον	θέσθον	
3	ἐθέσθην		θείσθην	θέσθων	

	Fut. Mid.	Aor. Pass.	Fut. Pass.	Perfect.	Pluperfect.
Ind.	θήσομαι	ἐτέθην	τεθήσομαι	τέθειμαι	ἐτεθείμην
Subj.		τεθῶ			
Opt.	θησοίμην	τεθείην	τεθησοίμην		
Imp.		τέθητι		τέθεισο	
Inf.	θήσεσθαι	τεθῆναι	τεθήσεσθαι	τεθεῖσθαι	
Part.	θησόμενος	τεθείς	τεθησόμενος	τεθειμένος	

6 *

¶ 51. VERBS IN-μι.   4. *Δίδωμι, to give.*

ACTIVE VOICE.

PRESENT.

	Ind.ᵃ	Subj.	Opt.	Imp.
S. 1	δίδωμι	διδῶ	διδοίην (διδῴην)	
2	δίδως	διδῷς	διδοίης	δίδου
3	δίδωσι	διδῷ	διδοίη	διδότω
P. 1	δίδομεν	διδῶμεν	διδοίημεν, διδοῖμεν	
2	δίδοτε	διδῶτε	διδοίητε, διδοῖτε	δίδοτε
3	διδόᾱσι, διδοῦσι	διδῶσι	διδοίησαν, διδοῖεν	διδότωσαν, διδόντων
D. 2	δίδοτον	διδῶτον	διδοίητον, διδοῖτον	δίδοτον
3			διδοιήτην, διδοίτην	διδότων

Inf. διδόναι.   Part. διδούς,-οῦσα,-όν·   G.-όντος,-ούσης.

IMPERFECT.

S. 1	ἐδίδων,	ἐδίδουν	**P.** ἐδίδομεν	**D.**	
2	ἐδίδως,	ἐδίδους	ἐδίδοτε		ἐδίδοτον
3	ἐδίδω,	ἐδίδου	ἐδίδοσαν		ἐδιδότην

AORIST I.   AORIST II.

	Ind.	Ind.	Subj.	Opt.	Imp.
S. 1	ἔδωκα	*	δῶ	δοίην (δῴην)	
2	ἔδωκας	*	δῷς	δοίης	δός
3	ἔδωκε	*	δῷ	δοίη	δότω
P. 1	ἐδώκαμεν	ἔδομεν	δῶμεν	δοίημεν, δοῖμεν	
2	ἐδώκατε	ἔδοτε	δῶτε	δοίητε, δοῖτε	δότε
3	ἔδωκαν	ἔδοσαν	δῶσι	δοίησαν, δοῖεν	δότωσαν, δόντων
D 2		ἔδοτον	δῶτον	δοίητον, δοῖτον	δότον
3		ἐδότην		δοιήτην, δοίτην	δότων

AOR. II. Inf. δοῦναι.   Part. δούς, δοῦσα, δόν·   G. δόντος. δούσης.

	Future.	Perfect.	Pluperfect.
Ind.	δώσω	δέδωκα	ἐδεδώκειν
Opt.	δώσοιμι		
Inf.	δώσειν	δεδωκέναι	
Part.	δώσων	δεδωκώς	

MIDDLE AND PASSIVE VOICES.

PRESENT.

	Ind.	Subj.	Opt.	Imp.
S. 1	δίδομαι	διδῶμαι	διδοίμην	
2	δίδοσαι	διδῷ	δίδοιο	δίδοσο, δίδου
3	δίδοται	διδῶται	δίδοιτο	διδόσθω
P. 1	διδόμεθα	διδώμεθα	διδοίμεθα	
2	δίδοσθε	διδῶσθε	δίδοισθε	διδόσθε
3	δίδονται	διδῶνται	δίδοιντο	διδόσθωσαν
				διδόσθων
D. 2	δίδοσθον	διδῶσθον	δίδοισθον	δίδοσθον
3			διδοίσθην	διδόσθων

Inf. δίδοσθαι.   Part. διδόμενος.

IMPERFECT.

S. 1	ἐδιδόμην	P.	ἐδιδόμεθα	D.	
2	ἐδίδοσο, ἐδίδου		ἐδίδοσθε		ἐδίδοσθον
3	ἐδίδοτο		ἐδίδοντο		ἐδιδόσθην

AORIST II. MIDDLE.

	Ind.	Subj.	Opt.	Imp.	Inf.
S. 1	ἐδόμην	δῶμαι	δοίμην		δόσθαι
2	ἔδου	δῷ	δοῖο	δοῦ	
3	ἔδοτο	δῶται	δοῖτο	δόσθω	Part.
P. 1	ἐδόμεθα	δώμεθα	δοίμεθα		δόμενος
2	ἔδοσθε	δῶσθε	δοῖσθε	δόσθε	
3	ἔδοντο	δῶνται	δοῖντο	δόσθωσαν, δόσθων
D. 2	ἔδοσθον	δῶσθον	δοῖσθον	δόσθον	
3	ἐδόσθην		δοίσθην	δόσθων	

	Fut. Mid.	Aor. Pass.	Fut. Pass.	Perfect.	Pluperfect.
Ind.	δώσομαι	ἐδόθην	δοθήσομαι	δέδομαι	ἐδεδόμην
Subj.		δοθῶ			
Opt.	δωσοίμην	δοθείην	δοθησοίμην		
Imp		δόθητι		δέδοσο	
Inf.	δώσεσθαι	δοθῆναι	δοθήσεσθαι	δεδόσθαι	
Part.	δωσόμενος	δοθείς	δοθησόμενος	δεδομένος	

¶ 52. Verbs in -μι. 5. Δείκνυμι, to show.

ACTIVE VOICE.

Present.

	Ind.	Subj.	Opt.	Imp.
S. 1	δείκνῡμι	δεικνύω	δεικνύοιμι	
2	δείκνῡς	δεικνύῃς	δεικνύοις	δείκνῡ
3	δείκνῡσι	δεικνύῃ	δεικνύοι	δεικνύτω
P. 1	δείκνῠμεν	δεικνύωμεν	δεικνύοιμεν	
2	δείκνυτε	δεικνύητε	δεικνύοιτε	δείκνῠτε
3	δεικνύᾱσι,	δεικνύωσι	δεικνύοιεν	δεικνύτωσαν,
	δεικνῦσι			δεικνύντων
D. 2	δείκνῠτον	δεικνύητον	δεικνύοιτον	δείκνῠτον
3			δεικννοίτην	δεικνύτων

Inf. δεικνύναι.   Part. δεικνύς,-ῦσα,-ύν ·   G.-ύντος,-ύσης.

Imperfect.

				P.		D.
S. 1	ἐδείκνῡν,	ἐδείκνῠον		ἐδείκνῠμεν		
2	ἐδείκνῡς,	ἐδείκνῠες		ἐδείκνυτε		ἐδείκνῠτον
3	ἐδείκνῡ,	ἐδείκνῠε		ἐδείκνυσαν		ἐδεικνύτην

Future δείξω.   Aorist ἔδειξα.

MIDDLE AND PASSIVE VOICES.

Present.

	Ind.	Subj.	Opt.	Imp.
S 1	δείκνῠμαι	δεικνύωμαι	δεικνυοίμην	
2	δείκνυσαι	δεικνύῃ	δεικνύοιο	δείκνυσο
3	δείκνυται	δεικνύηται	δεικνύοιτο	δεικνύσθω
P. 1	δεικνύμεθα	δεικνυώμεθα	δεικνυοίμεθα	
2	δείκνυσθε	δεικνύησθε	δεικνύοισθε	δείκνυσθε
3	δείκνυνται	δεικνύωνται	δεικνύοιντο	δεικνύσθωσαν,
				δεικνύσθων
D 2	δείκνυσθον	δεικνύησθον	δεικνύοισθον	δείκνυσθον
3			δεικνυοίσθην	δεικνύσθων

Inf. δείκνυσθαι.   Part. δεικνύμενος.

Imperfect.

		P.		D.
S 1	ἐδεικνύμην	ἐδεικνύμεθα		
2	ἐδείκνυσο	ἐδείκνυσθε		ἐδείκνυσθον
3	ἐδείκνυτο	ἐδείκνυντο		ἐδεικνύσθην

Fut. Mid. δείξομαι.   Aor. Mid. ἐδειξάμην.   Perf. δέδειγμαι.
Pluperf. ἐδεδείγμην.   Aor. Pass. ἐδείχθην.   Fut. Pass. δειχθή-
σομαι.

¶ 53.　6. Φημί, to say.

PRESENT.

	Ind.	Subj.	Opt.	Imp.	Inf.
S. 1	φημί, ᾐμί	φῶ	φαίην		φάναι
2	φῄς, φῄς	φῇς	φαίης	φάϑι	
3	φησί	φῇ	φαίη	φάτω	Part.
P. 1	φᾰμέν	φῶμεν	φαίημεν, φαῖμεν		φάς
2	φατέ	φῆτε	φαίητε, φαῖτε	φάτε	
3	φᾱσί	φῶσι	φαίησαν, φαῖεν	φάτωσαν, φάντων	
D. 2	φᾰτόν	φῆτον	φαίητον, φαῖτον	φάτον	
3			φαιήτην, φαίτην	φάτων	

IMPERFECT.

S 1	ἔφην,	ἦν	P.	ἔφαμεν	D.	
2	ἔφης,	ἔφησϑα		ἔφατε		ἔφατον
3	ἔφη,	ἦ		ἔφασαν		ἐφάτην

SYNOPSIS OF ASSOCIATED FORMS.

ACTIVE VOICE.

	Present.		Imperfect.		Future.	
Ind.	φημί,	φάσκω	ἔφην,	ἔφασκον	φήσω,	ἐρῶ
Subj.	φῶ,	φάσκω				
Opt.	φαίην,	φάσκοιμι			*	ἐροῖμι, ἐροίην
Imp.	φάϑι,	φάσκε				
Inf.	φάναι,	φάσκειν			φήσειν,	ἐρεῖν
Part.	φάς,	φάσκων			φήσων,	ἐρῶν

	1 Aorist.		2 Aorist.	Perfect.	Pluperfect.
Ind.	ἔφησα,	εἶπα	εἶπον	εἴρηκα	εἰρήκειν
Subj.	φήσω,	εἴπω	εἴπω		
Opt.	φήσαιμι,	εἴπαιμι	εἴποιμι		
Imp.	*	εἶπον	εἰπέ		
Inf.	φῆσαι,	εἶπαι	εἰπεῖν	εἰρηκέναι	
Part.	φήσας,	εἶπας	εἰπών	εἰρηκώς	

MIDDLE AND PASSIVE VOICES.

Pres. Inf. φάσϑαι, Part. φάμενος · Perf. Imp. S. 3 πεφάσϑω °
Imperf. ἐφασκόμην · Perf. εἴρημαι, Plup. εἰρήμην, 3 Fut. εἰρήσο-
μαι, Aor. Pass. ἐῤῥήϑην, ἐῤῥέϑην, Fut. Pass. ῥηϑήσομαι.

¶ 54. Verbs in -μι. 7. Ἵημι, to send.

ACTIVE VOICE.

PRESENT.

		Ind.	Subj.	Opt.		Imp.	Inf.
S	1	ἵημι	ἱῶ	ἱείην			ἱέναι
	2	ἵης	ἱῇς	ἱείης		ἵει	
	3	ἵησι	ἱῇ	ἱείη		ἱέτω	Part.
P	1	ἵεμεν	ἱῶμεν	ἱείημεν, ἱεῖμεν			ἱείς
	2	ἵετε	ἱῆτε	ἱείητε, ἕξιτε		ἵετε	
	3	ἱᾶσι, ἱεῖσι	ἱῶσι	ἱείησαν, ἱεῖεν		ἱέτωσαν, ἱέντων	
D	2	ἵετον	ἱῆτον	ἱείητον, ἱεῖτον		ἵετον	
	3			ἱειήτην, ἱείτην		ἱέτων	

IMPERFECT.   AORIST I.   AORIST II.

		Ind.	Ind.	Subj.	Opt.	Imp.	Inf.
S	1	ἵην, ἵουν (ἵειν)	ἧκα	*	ὧ	εἵην	εἶναι
	2	ἵης, ἵεις	ἧκας	*	ἧς	εἵης	ἕς	
	3	ἵη, ἵει	ἧκε	*	ἧ	εἵη, &c.	ἕτω	Part
P.	1	ἵεμεν	ἥκαμεν	εἷμεν	ὧμεν		εἵς
	2	ἵετε	ἥκατε	εἷτε	ἧτε	ἕτε	
	3	ἵεσαν	ἧκαν	εἷσαν	ὧσι	ἕτωσαν, ἕντων	
D	2	ἵετον		εἷτον	ἧτον	ἕτον	
	3	ἱέτην		εἵτην		ἕτων	

Future, ἥσω.   Perfect, εἷκα.   Pluperfect, εἵκειν.

MIDDLE AND PASSIVE VOICES.

PRESENT.

		Ind.	Subj.	Opt.		Imp.	Inf.
S	1	ἵεμαι	ἱῶμαι	ἱείμην, ἱοίμην			ἵεσθαι
	2	ἵεσαι, ἵῃ	ἱῇ	ἵειο,	ἵοιο	ἵεσο, ἵου	
	3	ἵεται	ἱῆται	ἵειτο,	ἵοιτο	ἱέσθω	Part.
		&c.	&c.	&c.	&c.	&c.	ἱέμενος

IMPERFECT.   AORIST II. MIDDLE.

		Ind.	Subj.	Opt.	Imp.		Inf.
S.	1	ἱέμην	εἵμην	ὧμαι	οἵμην		ἕσθαι
	2	ἵεσο, ἵου	εἷσο	ἧ	οἷο	οὗ	
	3	ἵετο	εἷτο	ἧται	οἷτο	ἕσθω	Part.
		&c.	&c.	&c.	&c.	&c.	ἕμενος

Fut. Mid. ἥσθμαι.   1 Aor. Mid. ἡκάμην.   Perf. εἷμαι.   Plup εἵμην.   Aor. Pass. εἵθην.   Fut. Pass. ἑθήσομαι.

¶ 55. 8. Εἰμί, to be.

PRESENT.

	Ind.	Subj.	Opt.	Imp.	Inf.
S. 1	εἰμί	ὦ	εἴην		εἶναι
2	εἶς, εἶ	ἧς	εἴης	ἴσθι	
3	ἐστί	ἦ	εἴη	ἔστω (ἤτω,	
P. 1	ἐσμέν	ὦμεν	εἴημεν, εἶμεν		Part.
2	ἐστέ	ἦτε	εἴητε, εἶτε	ἔστε	ὤν
3	εἰσί	ὦσι	εἴησαν, εἶεν	ἔστωσαν,	οὖσα
				ἔστων, ὄντων	ὄν
D. 2	ἐστόν	ἦτον	εἴητον, εἶτον	ἔστον	ὄντος
3			εἰήτην, εἴτην	ἔστων	οὔσης

IMPERFECT.   FUTURE.

	Ind.			Ind.	Opt.	Inf.
S. 1	ἦν, ἦ, ἤμην			ἔσομαι	ἐσοίμην	ἔσεσθαι
2	ἦς, ἦσθα			ἔσῃ, ἔσει	ἔσοιο	
3	ἦν			ἔσεται, ἔσται	ἔσοιτο	Part.
P. 1	ἦμεν			ἐσόμεθα	ἐσοίμεθα	ἐσόμενος
2	ἦτε, ἦστε			ἔσεσθε	ἔσοισθε	ἐσομένη
3	ἦσαν			ἔσονται	ἔσοιντο	ἐσόμενον
D. 2	ἦτον, ἦστον			ἔσεσθον	ἔσοισθον	
3	ἤτην, ἤστην				ἐσοίσθην	

DIALECTIC FORMS.

PRESENT.

Ind.	Subj.	Imp.	Part.
S. 1 ἐμμί D.	S. 1 ἴω I.	S. 2 ἴσο, ἴσσο P.	M. ἰών I.
2 ἐἴς I.	ἐίω E.	Inf.	F. ἰοῦσα I.
ἐσσί P.	3 ἤοι E.	ἴμεν E.	ἰοῖσα D.
3 ἐντί D.	ἔησι E.	ἴμεναι E.	εὖσα D.
P. 1 εἰμέν I.	P. 1 ὦμες D.	ἴμμεν P.	ἴασα D.
εἰμίς D.	3 ἴωσι I.	ἴμμεναι E. Æ.	N. ἰόν I.
ἰμέν P.	Opt.	ἤμεν D.	Gen.
3 ἐντί D.	S. 2 εἴησθα P.	εἴμεν D.	ἐόντος I.
ἴασι E.	ἴοις, 3 ἴοι I.	εἴμεναι D.	εὖντος D.

IMPERFECT.

S. 1 ἴην E.	S. 2 ἴης P.	S. 3 ἴην I.	P. 3 ἴσαν I. P.
ἴον E.	ἴησθα E.	ἧς D.	ἴσσαν P.
ἴσκον It.	ἴας I.	ἴσκε It.	ἴσκον It.
ἴα I.	3 ἤην E.	P. 1 ἦμες D.	ἴασαν I.
ἦα I.	ἧς(ν) I.	2 ἴατε I.	εἴατο E.

DIALECTIC FORMS OF *εἰμί, to be*

FUTURE IND.

S. 1 ἔσσομαι E.	S. 3 ἔσιται E.	P 1 ἐσόμεσθα P.
2 ἔσιαι I.	ἔσσιται E.	ἐσσόμεθα E.
ἔσσιαι E.	ἐσεῖται D.	2 ἔσεσθε E.
ἔσση P.	ἐσσεῖται D.	3 ἔσσονται E.
ἐσσῇ D.		ἐσοῦνται D

¶ 56. 9. Εἶμι, *to go.*

PRESENT.

	Ind.	Subj.	Opt.	Imp.	Inf.	Part
S. 1	εἶμι	ἴω	ἴοιμι, ἰοίην		ἰέναι	ἰών
2	εἶς, εἶ	ἴῃς	ἴοις	ἴθι (εἰ)		ἰοῦσα
3	εἶσι	ἴῃ	ἴοι	ἴτω		ἰόν
P. 1	ἴμεν	ἴωμεν	ἴοιμεν			
2	ἴτε	ἴητε	ἴοιτε	ἴτε		
3	ἴασι	ἴωσι	ἴοιεν	ἴτωσαν, ἰόντων, ἴτων		
D. 2	ἴτον	ἴητον	ἴοιτον	ἴτον		
3			ἰοίτην	ἴτων		

PLUPERFECT II., or IMPERFECT.

S. 1 ᾔειν, ᾖα (ᾔα)	P. ᾔειμεν, ᾖμεν	D.
2 ᾔεις, ᾔεισθα	ᾔειτε, ᾖτε	ᾔειτον, ᾖτον
3 ᾔει(ν)	ᾔεσαν	ᾐείτην, ᾔτην

MIDDLE (*to hasten*). Present, ἴεμαι. Imperfect, ἰέμην.

DIALECTIC FORMS.

PRESENT.

Ind.	Subj.	Opt.	Inf.
S. 2 εἶς I.	S. 1 ἴω P.	S. 3 ἴῃ E.	ἴμεν E. D.
εἶσθα E.	2 ἴησθα E.	ἴοιη E.	ἴμεναι E.
	3 ἴησι E.		ἴμμεναι E.
P. 3 ἴσι P.	P. 1 ἴομεν E.		ἴναι P.

IMPERFECT.

S. 1 ἤϊα I.	P. 1 ἤομεν E.	D. 3 ἴτην E.
3 ἤϊε I.	3 ἴσαν E.	
ἤε E.	ἤϊσαν I.	
ἴε E.	ἤϊον E.	

MID. Fut. εἴσομαι, Aor. εἰσάμην, Ep. (§ 252).

¶ 57. PURE VERBS. iii. SECOND AORISTS.

1. AORIST II. of βαίνω, to go.

	Ind.	Subj.	Opt.	Imp.	Inf.
S. 1	ἔβην	βῶ	βαίην		βῆναι
2	ἔβης	βῇς	βαίης	βῆθι (βᾶ)	
3	ἔβη	βῇ	βαίη	βήτω	Part.
P. 1	ἔβημεν	βῶμεν	βαίημεν, βαῖμεν		βάς
2	ἔβητε	βῆτε	βαίητε, βαῖτε	βῆτε	
3	ἔβησαν	βῶσι	βαίησαν, βαῖεν	βήτωσαν, βάντων	
D. 2	ἔβητον	βῆτον	βαίητον, βαῖτον	βῆτον	
3	ἐβήτην		βαιήτην, βαίτην	βήτων	

2. AORIST II. of ἀποδιδράσκω, to run away.

	Ind.	Subj.	Opt.	Inf.
S. 1	ἀπέδρᾶν	ἀποδρῶ	ἀποδραίην	ἀποδρᾶναι
2	ἀπέδρᾶς	ἀποδρᾷς	ἀποδραίης	
3	ἀπέδρᾶ	ἀποδρᾷ	ἀποδραίη	Part.
P. 1	ἀπέδρᾶμεν	ἀποδρῶμεν	&c.	ἀποδράς
2	ἀπέδρᾶτε	ἀποδρᾶτε		
3	ἀπέδρᾶσαν	ἀποδρῶσι		
D. 2	ἀπέδρᾶτον	ἀποδρᾶτον		
3	ἀπεδράτην			

3. AORIST II. of γιγνώσκω, to know.

	Ind.	Subj.	Opt.	Imp.	Inf.
S. 1	ἔγνων	γνῶ	γνοίην (γνῴην)		γνῶναι
2	ἔγνως	γνῷς	γνοίης	γνῶθι	
3	ἔγνω	γνῷ	γνοίη	γνώτω	Part.
P. 1	ἔγνωμεν	γνῶμεν	γνοίημεν, γνοῖμεν		γνούς
2	ἔγνωτε	γνῶτε	γνοίητε, γνοῖτε	γνῶτε	
3	ἔγνωσαν	γνῶσι	γνοίησαν, γνοῖεν	γνώτωσαν, γνόντων	
D. 2	ἔγνωτον	γνῶτον	γνοίητον, γνοῖτον	γνῶτον	
3	ἐγνώτην		γνοιήτην, γνοίτην	γνώτων	

4. AORIST II. of δύνω, to enter, to put on.

	Ind.	Subj.	Opt.	Imp.	Inf.
S. 1	ἔδῦν	δύω	δύοιμι		δῦναι
2	ἔδῦς	δύῃς	δύοις	δῦθι	
3	ἔδῦ	δύῃ	δύοι	δύτω	Part.
P. 1	ἔδῦμεν	δύωμεν	δύοιμεν		δύς
2	ἔδῦτε	δύητε	δύοιτε	δῦτε	
3	ἔδῦσαν	δύωσι	δύοιεν	δύτωσαν, δύντων	
D. 2	ἔδῦτον	δύητον	δύοιτον	δῦτον	
3	ἐδύτην		δυοίτην	δύτων	

7

¶ 58. XV. (E.) PRETERITIVE VERBS.

1. Οἶδα, to know.

PERFECT II.

		Ind.		Subj.	Opt.	Imp.	Inf.
S	1	οἶδα		εἰδῶ	εἰδείην		εἰδέναι
	2	οἶδας,	οἶσθα	εἰδῇς	εἰδείης	ἴσθι	
	3	οἶδε		εἰδῇ	εἰδείη	ἴστω	Part.
P	1	οἴδαμεν,	ἴσμεν	εἰδῶμεν	&c.		εἰδώς
	2	οἴδατε,	ἴστε	εἰδῆτε		ἴστε	
	3	οἴδᾶσι,	ἴσᾶσι	εἰδῶσι		ἴστωσαν	
D	2	οἴδατον,	ἴστον	εἰδῆτον		ἴστον 3 ἴστων	

PLUPERFECT II.

S. 1 ἤδειν, ἤδη P. ἤδειμεν, ἦσμεν D.
2 ἤδεις, ἤδης, ἤδειτε, ἦστε ἤδειτον, ἦστον
  ἤδεισθα, ἤδησθα
3 ἤδει(ν), ἤδη ἤδεσαν, ἦσαν ἤδείτην, ἦστην
  Future, εἴσομαι, εἰδήσω. Aorist, εἴδησα.

2. Δέδοικα or δέδια, to be afraid.

		Ind.	Subj.	Imp.	Inf.	PLUPERF. II
S.	1	δέδια	δεδίω		δεδιέναι	ἐδέδιειν
	2	δέδιας	δεδίῃς	δέδιθι		ἐδεδίεις
	3	δέδιε	δεδίῃ	δεδίτω	Part.	ἐδεδίει
P.	1	δέδιμεν	δεδίωμεν		δεδιώς	ἐδέδιμεν
	2	δέδιτε	δεδίητε	δέδιτε		ἐδέδιτε
	3	δεδίᾶσι	δεδίωσι	δεδίτωσαν		ἐδέδισαν
D.	2	δέδιτον	δεδίητον	δέδιτον		ἐδέδιτον
	3			δεδίτων		ἐδεδίτην

1 Perf. δέδοικα. 1 Pluperf. ἐδεδοίκειν. Fut. δείσομαι. Aor. ἔδεισα.

¶ 59. 3. Ἧμαι, to sit.

		Ind.	Imp.	Inf.	Part.	PLUPERFECT.
S.	1	ἧμαι		ἧσθαι	ἥμενος	ἥμην
	2	ἧσαι	ἧσο			ἧσο
	3	ἧσται	ἥσθω			ἧστο
P.	1	ἥμεθα				ἥμεθα
	2	ἧσθε	ἧσθε			ἧσθε
	3	ἧνται	ἥσθωσαν, ἥσθων			ἧντο
D.	2	ἧσθον	ἧσθον 3 ἥσθων			ἧσθον 3 ἥσθην

PRETERITIVE VERBS.

4. Κάθημαι, *to sit down.*

PERFECT.

		Ind.	Subj.	Opt.	Imp.	Inf.
S.	1	κάθημαι	κάθωμαι	καθοίμην		καθῆσθαι
	2	κάθησαι	κάθῃ	κάθοιο	κάθησο	
	3	κάθηται	κάθηται	κάθοιτο	καθήσθω	Part.
P.	1	καθήμεθα	καθώμεθα	καθοίμεθα		καθήμενος
	2	κάθησθε	κάθησθε	κάθοισθε	κάθησθε	
	3	κάθηνται	κάθωνται	κάθοιντο	καθήσθωσαν, καθήσθων	
D.	2	κάθησθον	κάθησθον	κάθοισθον	κάθησθον	
	3			καθοίσθην	καθήσθων	

PLUPERFECT.

S	1	ἐκαθήμην,	καθήμην	P.	1	ἐκαθήμεθα,	καθήμεθα
	2	ἐκάθησο,	καθῆσο		2	ἐκάθησθε,	καθῆσθε
	3	ἐκάθητο,	καθῆστο		3	ἐκάθηντο,	καθῆντο
D.	2	ἐκάθησθον,	καθῆσθον	D.	3	ἐκαθήσθην,	καθήσθην

¶ 60. Κεῖμαι, *to lie down.*

*PRESENT or PERFECT.

		Ind.	Subj.	Opt.	Imp.	Inf.
S.	1	κεῖμαι	κέωμαι	κεοίμην		κεῖσθαι
	2	κεῖσαι	κέῃ	κέοιο	κεῖσο	
	3	κεῖται	κέηται	κέοιτο	κείσθω	Part.
P.	1	κείμεθα	κεώμεθα	κεοίμεθα		κείμενος
	2	κεῖσθε	κέησθε	κέοισθε	κεῖσθε	
	3	κεῖνται	κέωνται	κέοιντο	κείσθωσαν, κείσθων	
D.	2	κεῖσθον	κέησθον	κέοισθον	κεῖσθον	
	3			κεοίσθην	κείσθων	

IMPERFECT or PLUPERFECT.

S.	1	ἐκείμην	P.	ἐκείμεθα	D.
	2	ἔκεισο		ἔκεισθε	ἔκεισθον
	3	ἔκειτο		ἔκειντο	ἐκείσθην

Future, κείσομαι.

¶ 61. XVI. CHANGES IN THE ROOT

A. EUPHONIC CHANGES.

[§§ 259 - 264.]

1. Precession $\begin{cases} \text{a. of } \alpha \text{ to } \iota. \\ \text{b. of } \iota \text{ and } o \text{ to } \iota. \end{cases}$
2. Contraction.
3. Syncope.

4. Metathesis.
5. To avoid Double Aspiration.
6. Omission or Addition of Consonants.
7. From the Omission of the Digamma.

B. EMPHATIC CHANGES.

I. BY LENGTHENING A SHORT VOWEL.

[§§ 266 - 270.]

1. ἄ to η.	4. ε to ει.	7. ο to ου.
2. ἄ to αι.	5. ῐ to ῑ.	8. ὒ to ῡ.
3. Various Changes of α.	6. ῐ to ει.	9. ὒ to ευ.

II. BY THE ADDITION OF CONSONANTS.

[§§ 271 - 282.]

1. Of σ $\begin{cases} \alpha. \text{ To Labial Roots.} \\ \beta. \text{ To Other Roots.} \end{cases}$

2. Of σ $\begin{cases} \alpha. \text{ Prefixed.} \\ \beta. \text{ Affixed.} \\ \text{Uniting with a} \\ \gamma. \text{ Palatal to form } \sigma\sigma(\tau\tau). \\ \delta. \quad\text{''}\quad\quad\text{''}\quad \zeta. \\ \varepsilon. \gamma\gamma \quad\text{''}\quad\quad\text{''}\quad \zeta. \\ \zeta. \text{ Lingual } \quad\text{''}\quad \zeta. \\ \eta. \quad\text{''}\quad\quad\text{''}\quad \sigma\sigma(\tau\tau). \\ \theta. \text{ Labial } \quad\text{''}\quad \zeta, \sigma\sigma. \end{cases}$

3. Of ν $\begin{cases} \alpha. \text{ Prefixed to a Consonant.} \\ \beta. \text{ Affixed to a Consonant.} \\ \gamma. \text{ Affixed to a Vowel.} \\ \delta. \text{ Prefixed to } \alpha. \end{cases}$

4. Of σκ $\begin{cases} \alpha. \text{ Without further change.} \\ \beta. \text{ Vowel changed by preces-} \\ \gamma. \text{ Vowel lengthened. [sion.} \\ \delta. \text{ Metathesis.} \\ \varepsilon. \text{ Consonant dropped.} \end{cases}$

5. Of δ, γ, θ, χ.

III. BY INCREASING THE NUMBER OF SYLLABLES.

[§§ 283 - 300.]

1. *By Reduplication* (§§ 283 - 286).

a. Proper.
b. Attic.
c. Improper.

α. In Verbs in -μι.
β. In Verbs in -σκω.
γ. In Other Verbs.

2. *By Syllabic Affixes* (§§ 287 - 299).

a. α and ε.

b. ἄν $\begin{cases} \alpha. \text{ Without further change.} \\ \beta. \text{ With the Insertion of } \nu. \\ \gamma. \text{ With ἄν prolonged.} \end{cases}$

c. νε.

d. νυ $\begin{cases} \alpha. \text{ To Pure Roots.} \\ \beta. \text{ To Palatal Roots.} \\ \gamma. \text{ To Lingual and Liquid} \end{cases}$ [Roots.

e. ισκ.
f. ιζ.
g. Other Syllables.

3. *By Exchange of Letters* (§ 300).

σ becoming ι.

C. ANOMALOUS CHANGES.

[§ 301.]

D. TABLES OF FORMATION.

¶ 62. I. TABLE OF DERIVATION.

A. NOUNS.

[§§ 305–313.]

I. FROM VERBS, denoting
1. The *Action*; in -σίς, -σία, -η, -α, -ος (-ου), -τος, -ος (-εος), -μός, -μη.
2. The *Effect* or *Object*, in -μα.
3. The *Doer*, in -της, -τηρ, -τωρ, (F. -τρια, -τειρα, -τρίς, -τίς,) -εύς, -ος.
4. The *Place*, *Instrument*, &c., in -τήριον, -τρον, τρα.

II. FROM ADJECTIVES, expressing the *Abstract*, in -ία (-εια, -οια), -της, -σύνη, -ος (-εος), -ας.

III. FROM OTHER NOUNS.
1. *Patrials,* in -της (F. -τίς), -εύς (F. -ίς).
2. *Patronymics,* in -ίδης, -άδης, -ιάδης (F. -ίς, -άς, -ιάς), -ιων, (F. -ιώνη, -ίνη).
3. *Female Appellatives*, in -ίς, -αινα, -εια, -σσα (-ττα).
4. *Diminutives*, in -ιον (-ίδιον, -άριον, -ύλλιον, -ύδριον, &c.), -ίς, -ίδευς, -ίχνη, -άκνη, -υλλίς, -ύλος, &c.
5. *Augmentatives*, in -ων, -ωνία, -αξ.

B. ADJECTIVES.

[§§ 314–316.]

I. FROM VERBS ; in ίκός, -τήριος, -μων, *active* ; -τός, -τέος, -νός, *passive* ; -ίμος, *fitness* ; -αρός, -ας, &c.

II. FROM NOUNS ; in -ίος (-αιος, -ειος, -οιος, -ωος, -υιος), *belonging to* ; -ίκός, -κός, -ακός, -αικός, *relating to* ; -εος, -ίνος, -en, *material* ; -ινος (ῑ), *time or prevalence* ; -ινος, -ηνός, -ανός,

patrial ; -ρός, -ερός, -ηρός, -άλεος, -ηλός, -ωλός, -εις, -ώδης, *fulness* or *quality*.

III. FROM ADJECTIVES AND ADVERBS.
1. As from Nouns.
2. Strengthened Forms ; Comparative, Superlative.

C. PRONOUNS.

[§ 317.]

D. VERBS.

[§§ 318, 319.]

I. FROM NOUNS AND ADJECTIVES ; in -έω, -εύω, -άω, *to be* or *do* ; -όω, -αίνω, -ύνω, *to make* ; -ίζω, -άζω, *imitative, active*, &c. ; -ω with penult strengthened, *active*, &c.

II. FROM OTHER VERBS ; in -σείω, -ιάω, -άω, *desiderative* ; -ζω, -σκω, &c., *frequentative, intensive, inceptive, diminutive,* &c.

E. ADVERBS.

[§§ 320–322.]

I. OBLIQUE CASES OF NOUNS AND ADJECTIVES.
1. *Genitives*, in -θεν, *place whence*; -ου, *place where*; -ης, &c.
2. *Datives*, in -οι, -οθι, -ησι, -ασι, *place where*; -η, -ᾳ, -αι, -ι, *way*, *place where*, *time when* ; &c.
3. *Accusatives*, especially Neut. Sing. and Plur. of Adjectives.

II. DERIVATIVES SIGNIFYING
1. *Manner*, in -ως, -ηδον, -δον, -δην, -άδην, -δα, -ί, -εί, -ς.
2. *Time when*, in -τε, -ικα.
3. *Place whither*, in -σε.
4. *Number*, in -ακίς.

III. PREPOSITIONS WITH THEIR CASES.

IV. DERIVATIVES FROM PREPOSITIONS, or PREPOSITIONS WITHOUT CASES.

¶ 63. II. PRONOMINAL

[Obsolete Primitives are printed in capitals.

	I. Interrog.	II. Indef.	Negative III. Objective	Negative IV. Subjective	Relative V. Definite	Relative VI. Indefinite
Orders,						
Positive,	τίς ; ΠΟΣ ;	τὶς, ΠΟΣ,	οὔτις, οὐδείς, οὐδαμός,	μήτις, μηδείς, μηδαμός,	ὅς,	ὅστις, 'ΟΠΟΣ,
Compar.,	πότερος ;	ποτερός,	οὐδέτερος, οὐδοπότερος,	μηδέτερος, μηδοπότερος,		ὁπότερος,
Superl.,	πόστος ;					ὁπόστος,
Quantity,	πόσος ;	ποσός,			ὅσος, ὁσάτιος,	ὁπόσος,
Quality,	ποῖος ;	ποιός,	οὐτιδανός, οὐδαμινός,	μηδαμινός,	οἷος,	ὁποῖος,
Age, Size,	πηλίκος ;				ἡλίκος,	ὁπηλίκος,
Country,	ποδαπός ;					ὁποδαπός,
Day,	ποσταῖος ;					ὁποσταῖος
Whence,	πόθεν ;	ποθέν,	οὐδαμόθεν,	μήποθεν, μηδαμόθεν,	ὅθεν, ἔνθεν,	ὁπόθεν,
Where,	ποῦ ; πόθι ; ποτέρωθι ;	πού, ποθί,	οὐδετέρωθεν, οὐδαμοῦ, οὔποθι, οὐδαμόθι,	μηδετέρωθεν, μήπου, μηδαμοῦ, μηδαμόθι,	οὗ, ἔνθα, ὅσαχοῦ, ὅθι, ἵνα,	ὁποτέρωθεν, ὅπου, ὁπόθι, ὁποτέρωθι,
Whither,	ποῖ ; πόσε ;	ποί,	οὐδαμόσε,	μηδαμοῖ, μηδαμόσε,	οἷ,	ὅποι, ὁπόσε,
2. Way, or Place where,	ποτέρωσε ; πῇ ; ποσαχῇ ; ποτέρῃ ;	πή, ποτερῇ,	οὐδετέρωσε, οὔπη, οὐδίπη, οὐδαμῇ, οὐδετέρῃ,	μηδετέρωσε, μηδαμῇ, μηδετέρῃ,	ᾗ, ὅσαχῇ,	ὁποτέρωσε, ὅπη, ὁποσαχῇ, ὁποτέρῃ,
3. Manner,	πῶς ; ποτέρως ; ποσαχῶς ; πῶ ;	πώς, πώ,	οὕπως, οὐδαμῶς, οὐδετέρως, [πω, οὔπω, οὐδέ-	μήπως, μηδαμῶς, μηδετέρως, [πω, μήπω, μηδέ-	ὡς, οἵως, ὁσαχῶς,	ὅπως, ὁποίως, ὁποτέρως,
General,	πότε ;	ποτέ,	οὔποτε, οὐδέποτε,	μήποτε, μηδέποτε.	ὅτε,	ὁπότε,
Specific,	πηνίκα ;				ἡνίκα,	ὁπηνίκα,
Various,	πῆμος ;				ἦμος, ἐπεί, ἕως, ὄφρα,	ὁπῆμος,
5. Number,	ποσάκις ;		οὐδενάκις,		ὁσάκις,	ὁποσάκις,

Left-margin labels: A. ADJECTIVES OF — 1. Distinction / 2. Property.   B. ADVERBS OF — 1. Place / 4. Time.

DERIVATIVE NOUNS. ποσότης, ποιότης, πηλικότης, οὐδαμινότης, ὁποιότης ἑτερότης, ἑτεροιότης, ὁμοιότης, ἰσότης, ἑτέρωσις, ὁμοίωσις, ἴσωσις, ἀλλοίωσις, &c.

CORRELATIVES.

Poetic and Dialectic Forms are not marked.]

Definite or Demonstrative.			Universal.		XII.	XIII.
VII. Simple.	VIII. Emphatic.	IX. Deictic.	X. Distributive.	XI. Collective.	Of Like-ness, and Equality.	Of Identi-ty, Diversi ty, &c.
ὁ,	οὗτος,	ὅδε,		πᾶς,	ὁμός,	αὐτός.
ΤΟΣ,	ὁ αὐτός,			ἄμφω,	ἴσος,	ἄλλος.
ἐκεῖνος.						
ἕτερος,			ἑκάτερος,	ἀμφότερος.		
[τυννός,			ἕκαστος.			
τόσος,	τοσοῦτος,	τοσόσδε.				
τοσάτιος,	τυννοῦτος.					
τοῖος,	τοιοῦτος,	τοιόσδε,		παντοῖος,	ὅμοιος,	ἄλλοιος
ἐκείνινος.						
τηλίκος,	τηλικοῦτος,	τηλικόσδε,			ὁμῆλιξ.	
					ἰσῆλιξ.	
						ἀλλοδαπός.
						αὐθήμερος.
τόθεν,	τουτόθεν,		ἑκάστοθεν,	πάντοθεν,	ὁμόθεν,	αὐτόθεν.
ἔνθεν,	ἐντεῦθεν,	ἐνθένδε,	ἑκασταχόθεν,	πανταχόθεν,		ἄλλοθεν.
ἐκεῖθεν,			ἑκάτερθεν,			ἀλλαχόθεν.
ἑτέρωθεν,			ἑκατέρωθεν,	ἀμφοτέρωθεν.		[λου.
ἔνθα,	ἐνταῦθα,	ἐνθάδε,			ὁμοῦ,	αὐτοῦ, ἀλ-
ἐκεῖ,	ᾧδε,		ἑκασταχοῦ,	πανταχοῦ,		λαχοῦ.
τόθι,			ἑκαστόθι,	παντόθι,		αὐτόθι.
ἐκεῖθι,			ἑκασταχόθι,	πανταχόθι,		ἀλλόθι.
ἑτέρωθι,			ἑκατέρωθι,	ἀμφοτέρωθι,		ἀλλαχόθι.
ἐνθάδε,	ἐνταυθοῖ,		ἑκασταχοῖ,	πανταχοῖ,		αὐτόσε.
ἐκεῖσε,				παντόσε,	ὁμόσε,	ἀλλόσε.
			ἑκασταχόσε,	πανταχόσε,		ἀλλαχόσε.
ἑτέρωσε,			ἑκατέρωσε,	ἀμφοτέρωσε.		
τῇ,	ταύτῃ,	τῇδε,		πάντῃ,	ὁμῇ,	ἄλλῃ.
ἐκείνῃ.						
			ἑκασταχῇ,	πανταχῇ,		ἀλλαχῇ.
ἑτέρῃ,			ἑκατέρῃ,	ἀμφοτέρῃ.		
τώς, ὥς,	οὕτως,	ᾧδε,		πάντως,	ὁμῶς,	αὕτως.
ἐκείνως,	ὡσαύτως,				ἴσως,	ἄλλως.
τοίως,		τοιῶσδε,		παντοίως,	ὁμοίως,	ἀλλοίως.
ἑτέρως,			ἑκατέρως,	ἀμφοτέρως.		
	τοσαυταχῶς,			πανταχῶς.		
τῷ,		τῷδε.				
τότε,			ἑκάστοτε,	πάντοτε,		ἄλλοτε.
τηνίκα,	τηνικαῦτα,	τηνικάδε.				αὐτίκα.
τῆμος,	τημοῦτος,	τημόσδε.				
τέως, τόφρα.						
τοσάκις,	τοσαυτάκις,		ἑκαστάκις.			
	τουτάκις,		ἑκατεράκις,	ἀμφοτεράκις.		

DERIVATIVE VERBS. τοσόω, οὐδενόω, ἑτεροιόω (from ἑτεροῖος, omitted above), ὁμοιόω, ἰσόω, ἀλλοιόω, οὐδενίζω, ἀμφοτερίζω, ἑκατερίω, ἀλλάσσω, &c.

III. PRINCIPAL RULES OF SYNTAX.

¶ 64. I. An APPOSITIVE agrees in *case* with its *subject.* § 331.

II. The SUBJECT OF A FINITE VERB is put in the Nominative. § 342.

III. SUBSTANTIVES INDEPENDENT OF GRAMMATICAL CONSTRUCTION are put in the Nominative. § 343.

GENERAL RULE FOR THE GENITIVE. THE POINT OF DEPARTURE AND THE CAUSE ARE PUT IN THE GENITIVE. § 345.

IV Words of SEPARATION and DISTINCTION govern the Genitive. § 346

V. The COMPARATIVE DEGREE governs the Genitive. § 351.

VI. The ORIGIN, SOURCE, and MATERIAL are put in the Genitive. § 355

VII. The THEME OF DISCOURSE OR OF THOUGHT is put in the Genitive. § 356.

VIII. Words of PLENTY and WANT govern the Genitive. § 357.

IX. The WHOLE OF WHICH A PART IS TAKEN is put in the Genitive § 358.

X. Words of SHARING and TOUCH govern the Genitive. § 367.

XI. The MOTIVE, REASON, and END IN VIEW are put in the Genitive § 372.

XII. PRICE, VALUE, MERIT, and CRIME are put in the Genitive. § 374.

XIII. Words of SENSATION and of MENTAL STATE OR ACTION govern the Genitive. § 375.

XIV. The TIME and PLACE *in which* are put in the Genitive. § 378.

XV. The AUTHOR, AGENT, and GIVER are put in the Genitive. § 380.

XVI. An ADJUNCT DEFINING A THING OR PROPERTY is put in the Genitive. § 382.

GENERAL RULE FOR THE DATIVE OBJECTIVE. THE OBJECT OF APPROACH AND OF INFLUENCE IS PUT IN THE DATIVE; or, AN INDIRECT OBJECT IS PUT IN THE DATIVE. § 397.

XVII. Words of NEARNESS and LIKENESS govern the Dative. § 398.

XVIII. The OBJECT OF INFLUENCE is put in the Dative. § 401.

GENERAL RULE FOR THE DATIVE RESIDUAL. AN ATTENDANT THING OR CIRCUMSTANCE, SIMPLY VIEWED AS SUCH, IS PUT IN THE DATIVE. § 414.

XIX. The MEANS and MODE are put in the Dative. § 415.

XX. The TIME and PLACE *at which* are put in the Dative. § 420.

GENERAL RULE FOR THE ACCUSATIVE. AN ADJUNCT EXPRESSING DIRECT LIMIT IS PUT IN THE ACCUSATIVE. § 422.

XXI. The DIRECT OBJECT and the EFFECT of an action are put in the Accusative. § 423.

ADVERBS OF SWEARING are followed by the Accusative. § 426.
CAUSATIVES govern the Accusative together with the case of the included verb. § 430.
The same verb often governs TWO ACCUSATIVES, which may be, — (I.) The DIRECT OBJECT and the EFFECT *in apposition* with each other; as with verbs of *making, appointing, choosing, esteeming, naming,* &c. — (II.) The DIRECT OBJECT and the EFFECT. *not in apposition;* as with verbs of *doing, saying,* &c. — (III.) Two OBJECTS differently related, but which are both regarded as DIRECT; as with verbs of *asking* and *requiring,* of *clothing* and *unclothing,* of *concealing* and *depriving,* of *persuading* and *teaching,* &c. §§ 434 –436.

XXII. An adjunct applying a word or expression to a PARTICULAR PART, PROPERTY, THING, or PERSON, is put in the Accusative. § 437.

XXIII. EXTENT OF TIME AND SPACE is put in the Accusative. § 439.

XXIV. The Accusative is often used ADVERBIALLY, to express DE-GREE, MANNER, ORDER, &c. § 440.

XXV. The COMPELLATIVE of a sentence is put in the Vocative. § 442.

XXVI. An ADJECTIVE agrees with its *subject* in *gender, number,* and *case.* § 444.

XXVII. The ARTICLE is prefixed to SUBSTANTIVES, to mark them as *definite.* § 469.

XXVIII. A PRONOUN agrees with its *subject* in *gender, number,* and *person.* § 494.

The RELATIVE *commonly takes the case of the antecedent,* when the ANTECEDENT is a *Genitive* or *Dative,* and the RELATIVE would properly be an *Accusative depending upon a verb.* § 526.

XXIX. A VERB agrees with its *subject* in *number* and *person.* § 543.

The NEUTER PLURAL has its VERB in the *singular.* § 549.

The PASSIVE VOICE has for its SUBJECT an *object of the Active,* commonly a *direct,* but sometimes an *indirect* object. Any *other word* governed by the Active *remains unchanged* with the Passive. THE SUBJECT OF THE ACTIVE is commonly expressed, with the Passive, by the *Genitive with a preposition.* § 562.

An action is represented by the { Definite Tenses, as   (*a.*) *continued* or *prolonged*; Aorist, as   (*a.*) *momentary* or *transient*,

{ (*b.*) a *habit* or *continued course of conduct*; (*c.*) *doing at the time of,* or *until an-* { (*b.*) a *single act*;   (*c.*) *simply done in its own time*;

{ *other action*; (*d.*) *begun, attempted,* or *designed;* (*e.*) *introductory.* } §§ 570 – 574. { (*d.*) *accomplished;*   (*e.*) *conclusive.* }

The *generic Aorist* often supplies the place of the *specific Perfect* and *Pluperfect* § 580.

The INDICATIVE expresses the *actual;* the SUBJUNCTIVE and OPTATIVE, the *contingent.* § 587.

PRESENT CONTINGENCY is expressed by the *primary tenses;* PAST CONTINGENCY, by the *secondary.* § 589.

The SUBJUNCTIVE, for the most part, follows the *primary tenses;* and the OPTATIVE, the *secondary.* § 592.

Supposition as fact is expressed by the appropriate tense of the Indicative; *supposition that may become fact,* by the Subjunctive; *supposition without regard to fact,* by the Optative; and *supposition contrary to fact,* by the past tenses of the Indicative. § 593.

The OPTATIVE is the distinct mode appropriate to the *oratio obliqua in past time.* § 602.

XXX. The INFINITIVE is construed as a *neuter noun.* § 620.

The INFINITIVE often forms an elliptical *command, request, counsel, salutation, exclamation,* or *question.* § 625.

XXXI. The SUBJECT OF THE INFINITIVE is put in the *Accusative.* § 626.

XXXII. A PARTICIPLE AND SUBSTANTIVE are put absolute in the *Genitive;* an IMPERSONAL PARTICIPLE, in the Accusative. § 638.

The INTERJECTION is independent of grammatical construction. § 645.

XXXIII. ADVERBS modify *sentences, phrases,* and *words;* particularly *verbs, adjectives,* and *other adverbs.* § 646.

XXXIV. PREPOSITIONS govern substantives in the oblique cases, and mark their relations. § 648.

XXXV. CONJUNCTIONS connect sentences and like parts of a sentence. § 654

IV. FORMS OF ANALYSIS AND PARSING.

¶ 65. A. Of Words.

—— is a { Common, Proper, Abstract, Collective, Irregular, &c. } Noun of the { 1, 2, 3 } Dec., { Masc., Fem., Neut., Comm. }, from —— ——

(*decline*); [Derived from ——, Compounded of ——,] Root ——, Affix ——; the { Nom., Gen., Dat., Acc., Voc. } { Sing., Plur., Dual }

{ the subject of ——, governed by ——, the Gen. of ——, the Dat. of ——, the Acc. of ——, &c., } Rule. *Remarks.*

—— is an Adjective [in the { Pos., Comp., Sup. } Degree, from —— —— —— (*compar*)]

of { 1, 2, 3 } Terminations (*decline*); [Derived from ——, Compounded of ——,] Root ——, Affix

{ Nom., Gen., &c. } { Sing., Plur., Dual } { Masc., Fem., Neut. }; agreeing with ——, used substantively, &c. }, Rule. *Remarks.*

—— is a { Personal, Reflexive, Relative, &c. Article } Pronoun, of the { 1, 2, 3 } Pers. }, from —— —— —— (*de-*

cline); [Derived from ——, Compounded of ——,] Root ——, Affix ——; the { Nom., Gen., &c. } { Sing., Plur., Dual } { Masc., Fem., Neut. };

{ the subject of ——, governed by ——, agreeing with ——, &c., } Rule. [It refers to —— as its { Subject, Antecedent } , Rule; and connects —— to ——.] *Remarks.*

—— is a { Transitive Verb, Intransitive ", Deponent ", Barytone ", Contract ", Verb in μι, &c., } from —— —— —— (*conjugate*); [Derived from, Compounded

$$\left.\begin{array}{l}\text{—,]}\\ \text{of —,]}\end{array}\right\} \left\{\begin{array}{l}\text{Root —}\\ \text{Roots — —}\end{array}\right\}, \text{[Prefix —,] Affix —; the }\left.\begin{array}{l}\text{Pres.}\\ \text{Impf.}\\ \text{Fut.}\\ \text{2 Fut.}\\ \text{1 Aor.}\\ \&\text{c.}\end{array}\right\}\left.\begin{array}{l}\text{Ind.}\\ \text{Subj.}\\ \text{Opt.}\\ \text{Imp.}\\ \text{Inf.}\\ \text{Part.}\end{array}\right\}\left.\begin{array}{l}\text{Act.}\\ \text{Mid.}\\ \text{Pass.}\end{array}\right\}$$

(*vary and inflect*);

$$\left[\begin{array}{l} \textit{(if finite)} \text{ the } \left.\begin{array}{l}1\\2\\3\end{array}\right\}\text{Pers.}\left.\begin{array}{l}\text{Sing.}\\\text{Plur.}\\\text{Dual}\end{array}\right\}, \text{ agreeing with —,}\\[2ex] \textit{(if Inf.)} \text{ having for its subject} \overset{*}{\text{—}}, \text{ and }\left\{\begin{array}{l}\text{depending on —,}\\\text{subject of — \&c.,}\end{array}\right.\\[2ex] \textit{(if Part.)} \text{ the } \left.\begin{array}{l}\text{Nom.}\\\text{Gen.}\\\&\text{c.}\end{array}\right\}\left.\begin{array}{l}\text{Sing.}\\\text{Plur.}\\\text{Dual}\end{array}\right\}\left.\begin{array}{l}\text{Masc.}\\\text{Fem.}\\\text{Neut.}\end{array}\right\}; \begin{array}{l}\text{agreeing with —,}\\\text{used substantively, \&c.,}\end{array}\end{array}\right]$$

Rule. *Remarks.*

——— is an $\left.\begin{array}{l}\text{Interrogative}\\\text{Indefinite}\\\text{Demonstrative}\\\text{Complementary}\\\&\text{c.}\end{array}\right\}$ ADVERB of $\left.\begin{array}{l}\text{Place}\\\text{Time}\\\text{Manner}\\\text{Order}\\\&\text{c.}\end{array}\right\}, \left[\text{in the Comp.}\left.\begin{array}{l}\text{Pos.}\\\text{Sup.}\end{array}\right\}\right.$ De-

gree, from — (*compare*),] $\left[\begin{array}{l}\text{Derived from —,}\\\text{Compounded of —,}\end{array}\right]$ modifying —, Rule. [It

refers to — as its antecedent, and connects — to —.] *Remarks.*

——— is a PREPOSITION, $\left[\begin{array}{l}\text{Derived from —,}\\\text{Compounded of —,}\end{array}\right]$ governing —, and marking

its relation to —, Rule. *Remarks.*

——— is a $\left.\begin{array}{l}\text{Copulative}\\\text{Conditional}\\\text{Complementary}\\\&\text{c.}\end{array}\right\}$ CONJUNCTION, $\left[\begin{array}{l}\text{Derived from —,}\\\text{Compounded of —,}\end{array}\right]$ connect-

ing — to —, Rule. *Remarks.*

——— is an INTERJECTION, $\left[\begin{array}{l}\text{Derived from —,}\\\text{Compounded of —,}\end{array}\right]$ and independent of gram-

matical construction (§ 645). *Remarks.*

NOTES (*a*) When *declension in full* is not desired, give the Nom. and Gen. in Substantives and in Adjectives of 1 Term., and the different forms of the Nom. in Adjectives of 2 or 3 Term. (*b*) In *conjugating*, give the Theme, with the corresponding Fut. and Perf. (if in use), to which it is also well to add the 2 Aor. if used. (*c*) The term "*vary*" is used above in a specific sense, to denote *giving the different modes of a tense*, or, as it is sometimes called, *giving the synopsis of the tense;* and the term "*inflect*," to denote *giving the numbers and persons* (in the Participle, *declension*, of course, takes the place of this). (*d*) After completing the formula above, which, to avoid confusion and consequent omission or delay, should always be given in the prescribed order, add such *Remarks* as may properly be made upon the *form, signification*, and *use* of the word; as, in respect to contraction, euphonic changes of consonants, literal or figurative sense, the force or use of the number, case, degree, voice, mode, tense, &c.; citing, from the Grammar, the appropriate rule, remark, or note. (*e*) Some particulars in the forms above, which do not apply to all words, are inclosed in brackets.

¶ 66. B. Of Sentences.

I. Describe the Sentence.

It is { Simple, Compound, } { Distinct, { Intellective, { Declarative, Interrogative, } { Actual, Contingent, } { Posi Neg.

Volitive, { Positive; Negative;

Incorporated in the sentence —— as a { Substantive. Adjective.

tive; ative; } { connected by — to ——, as a { Coördinate Sentence. Subordinate Clause, performing the office

following —— by simple succession.

of a { Substantive. Adjective. Adverb.

II. Analyze the Sentence into its Logical and Grammatical Divisions, its Primary and Secondary Parts, &c.

The Logical { Compellative Subject Predicate } is ——, containing the { Simple Compound } { Grammatical { Com- Sub- Pre-

pellative ject dicate } ——, modified by the { Adjective Adverb Appositive Adjunct Dependent Clause } ——. *Show how these are mod-*

ified, and analyze Subordinate or Incorporated Clauses, until the Sentence is exhausted.

¶ 67. C. Of Metres.

I. Give a general description of the Metre in which the Poem is written.

II. Describe the particular Verse.

It is { Iambic Dactylic &c. } { Monometer Dimeter &c. } { Acatalectic Catalectic &c. }, consisting of { $\frac{1}{2}$ &c. } { Feet, which are

——. The Cæsura is the { [Masc.] [Fem.] } { Penthemim, Hephthemim, Pastoral, &c., } after ——.

III. Analyze by [Dipodies and] Feet.

— is a { Dactyl, Spondee, &c., } { the $\frac{1}{2}$ &c. } { Syllable { Long Short } { by { Nature, Position, &c., } { Rule.

www.ingramcontent.com/pod-product-compliance
Lightning Source LLC
Chambersburg PA
CBHW071108090426
42737CB00013B/2534